Jonathan Ellis | René Tissen

Die 7 Todsünden im Management

REDLINE WIRTSCHAFT
bei ueberreuter

Die Deutsche Bibliothek – CIP-Einheitsaufnahme

Ellis, Jonathan
Die 7 Todsünden im Management
Jonathan Ellis / René Tissen. –
Frankfurt/Wien: Redline Wirtschaft bei Ueberreuter, 2002
Einheitssachtitel: »The Seven Deadly Sins of Management« <dt.>
ISBN 3-8323-0922-5

Unsere Web-Adressen:

http://www.redline-wirtschaft.de
http://www.redline-wirtschaft.at

1   2   3   /   2004   2003   2002

Umschlag: INIT, Büro für Gestaltung, Bielefeld
unter Verwendung eines Bildes der Bildagentur ZEFA, Düsseldorf
Aus dem Englischen von Sabine Schilasky
Original edition: »The Seven Deadly Sins of Management«
Copyright © 2002 Scriptum, Schiedam, The Netherlands
Copyright © der deutschsprachigen Ausgabe 2002
by Wirtschaftsverlag Carl Ueberreuter, Frankfurt/Wien
Layout und Satz: satzstudio@publisher.cc
Druck: Druckerei Theiss GmbH, A-9431 St. Stefan
Printed in Austria

»Vater, vergib mir, denn ich wollte es nicht tun.
Ich nahm ein neues Blatt auf, und zerriss es vor der Zeit.
Was du mich lehrtest, daran glaubte ich nicht.
Vater, du hast dich gegen mich gestellt, weil ich gleichgültig war,
doch verstehe ich immer noch nicht.«

»It's a Sin« – *Pet Shop Boys*
frei übersetzt aus dem Englischen

Für Igor & Marco
Unsere sachkundigen und inspirierenden Partner

Inhalt

Vorwort

Gehobenes Management gerät zunehmend in Misskredit. Aufgrund ihres Handelns verlieren Manager – und das Management als Institution – ihre Glaubwürdigkeit. Sie fallen mehr und mehr ihrer Arroganz und ihrem individuellen Stolz zum Opfer, indem sie immerfort postulieren, nur ihr Weg wäre der richtige. Dabei scheren sie sich nicht im geringsten darum, ob die Praxis ihre hehren Theorien widerlegt – sie sind die Letzten, die Fehler eingestehen.

Dafür ist zunächst einmal ihr Irrglaube verantwortlich, Unternehmen hingen einzig von ihnen ab. Sie leben in der festen Überzeugung, die Retter schlechthin zu sein, die den Schlüssel zum Unternehmensheil in ihren Händen halten.

Wir erleben heute eine neue Gattung von Managern: Sie leiten nicht länger Firmen oder Konzerne, sondern organisieren ihre Karrieren. Wie häufig lesen wir von überhöhten Gehältern, von Aktienoptionen, die sie sich selbst zuschustern? Und in kaum einem Fall wurden wir so brutal mit der Selbstsucht als Triebfeder unternehmerischen Handelns konfrontiert, wie anlässlich der Enron-Pleite, an der sich der Vorstand mittels Aktienoptionen noch einmal richtig bediente, bevor er den Konkurs des Konzerns bekannt gab. Oder denken wir einmal an jenen niederländischen Topmanager eines angegriffenen Telekommunikationsunternehmens, der sich Aktienoptionen im Wert mehrerer Millionen Dollar sicherte, ohne auch den Anflug von Rücksicht auf die prekäre Lage seines Unternehmens erkennen zu lassen. Die Egozentrik in den Chefetagen ist ein Laster, das weltweit grassiert.

Gier als entscheidungstragender Faktor Nummer eins hält sich hartnäckig und ungebrochen in allen Vorstandszimmern.

Und die Manager unternehmen herzlich wenig, ihr ramponiertes Image zu verbessern. Je deutlicher die Fakten ihr Tun widerspiegeln, umso lauter proklamieren sie die eigene Unfehlbarkeit. Sie versperren sich allem, was wider ihre persönliche Profitgier geht, und werden nicht müde, sich als Führungstalente von göttlicher Eingebung darzustellen. Blindwütig treffen sie Entscheidungen, die eins ums andere Mal beweisen, wie wenig sie mit den eigentlichen Belangen ihrer Unternehmen vertraut sind.

Dabei muss Mangel an Wissen per se nichts Peinliches sein.

Niemand bestreitet, dass die Senkrechtstarter in den Führungsetagen heute mit enormen Problemen konfrontiert werden. Zahlreiche Unternehmen sind von Kümmernissen geplagt, die es in dieser Form vorher nicht gegeben hat. Aber die alten längst als wirkungslos erwiesenen Lösungswege rechtfertigen nicht die absurden Preisschilder, mit denen sich die Manager glauben schmücken zu dürfen. Aber wen interessiert das, so lange die Dividende steigt?

Die Frage, die sich viele Menschen stellen, ist: Sind Manager für ihre Unternehmen da oder ausschließlich für sich selbst?

Eine neue Mentalität?

Dieses Buch verdankt sich in erster Linie einer Menge angestauten Frusts. Es schien kein Tag zu vergehen, an dem nicht von Aufkäufen, Stellenabbau und Führungswechseln berichtet wurde. Und jedes Mal verkündete eine (meist neue) Unternehmensleitung den Shareholder Value zum obersten Ziel ihrer Geschäftspolitik.

Wir fragten uns, ob der Geschäftswelt eigentlich klar ist, dass sich die Industriewirtschaft längst in eine Knowledge-based Economy, eine wissensorientierte Wirtschaft, gewandelt hat.

Uns schien es eher, als trotteten die Führungskräfte nach wie vor über die ausgetretenen Pfade. Pfade, die sich bereits in der Vergangenheit als Irrwege entpuppt hatten, die nie zu langfristigen Erfolgen führten, aber denen sie unverdrossen folgten, ganz gleich was auf den Wegweisern stand. Wir kamen zu dem Schluss, dass Manager sich blankweg weigern, aus ihren Fehlern zu lernen.

Und das brachte uns auf die Idee mit den sieben Todsünden.

Natürlich würden wir gern glauben, dies wären die einzigen Sünden, derer sich das Management schuldig macht, doch machen wir uns nichts vor: So ist es nicht. Wir könnten diverse andere aufzählen – und wenn Sie ehrlich sind, können Sie ebenfalls eine Liste zusammenstellen. Daher dürfen Sie uns mit Fug und Recht fragen, warum wir ausgerechnet die sieben Todsünden wählten.

Nun, wir haben uns diese Sünden vorgenommen, weil sie nach außen hin den Anschein legitimer Unternehmenspolitik wahren. Zugleich verrät jede einzelne von ihnen, wie sehr das heutige Management von einer Mentalität geprägt ist, die ihre Wurzeln in der Vergangenheit hat. Das macht sie verdächtig.

Die Knowledge-based Economy hingegen ist ein vollkommen anderes Spiel, das von neuen Stars nach neuen Regeln beherrscht werden sollte. Traditionelle Managementkonzepte sind hier fehl am Platze. Und trotzdem stellen sich die Manager mit ihren alten, abgegriffenen Schlägern aufs Spielfeld, um sich ohne Ende zu wundern, warum selbst die Fans im Publikum sie ausbuhen.

Ein Wort zur Gleichstellung der Geschlechter

Der aufmerksame Leser (womit wir natürlich Sie meinen!) wird zweifellos bemerken, dass wir in diesem Buch vom Manager als männlichem Wesen ausgehen. Selbstverständlich hätten wir uns an die korrekte Vorgehensweise halten können, indem wir »er oder sie«, »Manager/in« schreiben, aber wir haben uns dagegen entschieden. Und zwar nicht, weil wir die Frauen in der Geschäftswelt willentlich ignorieren wollten, sondern weil wir überzeugt sind, dass die Sünder gemeinhin männlich sind!

Seit kurzem beschäftigt sich eine Forschungsorganisation mit dem Namen »Opportunity in Bedrijf« (Betriebliche Möglichkeiten) im Auftrag der niederländischen Regierung mit diesem

Thema. Sie erstellt einen jährlichen Bericht unter dem Titel »Balance meter«, der sich mit der Gleichstellung der Geschlechter in der Geschäftswelt befasst. Von den 25 größten niederländischen Unternehmen (ab 350.000 Beschäftigte aufwärts), die unter die Lupe genommen wurden, vermeldeten 75% eine über 20-prozentige Zunahme der Fluktuation unter weiblichen Führungskräften. Der Studie gemäß fühlen sich Frauen von der Praktiken in den Chefetagen dieser Unternehmen abgestoßen. Vielen von ihnen widerstrebt es, große Teile ihrer Identität und ihrer gewonnenen Einsichten aufzugeben, um sich eingeschliffenen Mechanismen anzupassen, zumal sie nicht recht erkennen, wofür sie sich opfern sollten. Und die wenigen Frauen, die trotzdem bleiben, wandern von einer Konzernspitze zur nächsten – immerzu auf der Suche nach einer besseren Unternehmenskultur – bis auch sie irgendwann resignieren und sich gänzlich zurückziehen. Das erklärt, warum sich unter dem Top-100 Unternehmen auf dem FTSE[*]-Index nur eine – ja, eine – weibliche Führungskraft findet!

Im Management-Paradies ist Eva mithin weit unschuldiger als Adam.

Eine phantastische Gelegenheit

Gegenwärtig bahnt sich ein Stimmungswechsel an. Mancherorts werden Managementpraktiken unter die Lupe genommen, und es stellt sich vermehrt das Gefühl ein – selbst in den USA, der Bastion Freier Marktwirtschaft – dass ein Unternehmen zu leiten als eine Art Ehre anzusehen ist. Somit bietet sich Managern eine phantastische Gelegenheit, Teil einer höchst erfolgreichen Elite zu werden. Das heißt, den wenigen unter ihnen, die sich der Fähigkeit zum kreativen Denken und zum kreativen Leiten rühmen dürfen.

Niemand leugnet, dass Managementposten risikobehaftet

---

[*] Financial Times Stock Exchange, *Anm. d. Übers.*

sind. Aber das sind alle anderen Jobs auf dieser Welt ebenfalls. Wir leben längst nicht mehr in einer Zeit, in der jemand sein Lebtag lang ein und demselben Beruf nachgeht oder gar eine Garantie dafür bekommen kann, bis zur Rente in Arbeit und Brot zu stehen. Und selbst der hochrangigste Manager-des-Monats ist schneller aus den Köpfen der Menschen verschwunden, als er oder sie sich vorstellen kann.

Heute müssen Manager vor allem erkennen, dass alter Wein sich nicht in neuen Schläuchen hält. Lösungen aus der Vergangenheit greifen im Wirtschaftsumfeld der Gegenwart nicht. Entscheidende Faktoren für den Erfolg sind Wandlungsfähigkeit und die Konzentration darauf, Unternehmen zu schaffen, in denen Menschen von zentraler Bedeutung sind.

Ein Denkanstoß

Dieses Buch will keine neue Managementtheorie verkünden. Es befasst sich auch nicht mit irgendeiner neuen Hype. Nein, es verrät Ihnen nicht einmal, was genau Sie tun sollten! Alles, was es tut, ist, ein paar tradierte Vorstellungen ans Licht zu zerren und sie auf ihre Haltbarkeit zu überprüfen. Und falls es uns damit gelingt, Sie zum Nachdenken anzuregen, dann haben wir unser Ziel erreicht.

Danksagung

Kein Buch wurde jemals in einem Vakuum geschrieben. So waren auch an der Entstehung dieses Buches viele Menschen, wissentlich oder unwissentlich, beteiligt. Einigen von ihnen möchten wir gern unseren Dank aussprechen dafür, dass sie wesentlich zur Entwicklung unserer Ideen und Gedanken beigetragen haben.

Siemen Jongedijk ist ein Traum von einem Forschungsassistenten. Seine Fähigkeit, Artikel und Fakten aufzuspüren, seine Ideen und Vorschläge einzubringen, sucht ihresgleichen.

Wir danken Daniel Andriessen und Frank Lekanne Deprez für ihre unschätzbare Unterstützung und ihre Ermutigung, die uns über Jahre zuteil wurden.

Und schließlich danken wir ganz besonders Hans Ritman – einem Verleger, der bereit ist, Risiken einzugehen. Er ist uns zu einem vertrauten Freund geworden.

Jonathan Ellis & René Tissen

Einleitung:
Wer im Management ist ohne Sünde?

Stolz, Neid, Völlerei, Gier, Zorn, Wollust und Trägheit. Die sieben Todsünden. Die wenigsten von uns schaffen es, all diese Sünden ein Leben lang zu meiden. Wir empfinden Neid, wenn der Nachbar mit einem neuen Wagen vorfährt. Wir sind stolz, wenn wir gute Arbeit geleistet haben. Wir alle erleben Momente, in denen wir nach etwas oder jemandem gieren. Wir wünschen uns mehr, als wir schon haben. Wir halten es für unser gutes Recht, an den Wochenende »nichts zu tun«. Und die meisten von uns wünschen sich auf den Posten ihres Vorgesetzten! Die sieben Todsünden sind allgegenwärtig und unausweichlich. Wir begehen sie, ohne es wirklich zu bemerken.

Die Geschäftswelt setzt mehr und mehr auf Schein statt Sein. Wir arrangieren uns blindlings mit Konzepten, die wir als genetisch vorbestimmt nehmen. Viele Unternehmen haben ihren Managementstil dem angepasst, was sie für in »ihren Genen« festgeschrieben halten, wenngleich sie sich dessen nicht unbedingt bewusst sein müssen. Handeln orientiert sich an tradierten Mechanismen, an Trägheit und Standesbewusstsein. Und gerade weil diese Unternehmensstrategien gleichsam in der DNS festgeschrieben scheinen, verhalten sie sich gegenüber Trends, Moden oder neuen Konzepten resistent. Die Manager machen alles weiterhin so, wie sie es immer schon gemacht haben. Das ist bequem und gibt ihnen Sicherheit. Aber es macht sie blind gegenüber den Sünden, die sie dabei begehen.

Unternehmenspolitik basiert in vielerlei Hinsicht auf den sieben Todsünden. Manager werden nachgerade dazu angehalten, dem Shareholder Value nachzulaufen – Wollust – sich ihre Erfolge zugute zu halten – Stolz – ihrer Konkurrenz überlegen zu sein –

Neid – Wissen anzuhäufen – Gier – und die Dinge immer weiter so zu machen, wie sie seit jeher gemacht wurden – Trägheit. Die Geschehnisse vom 11. September haben uns gezeigt, dass Unternehmen mehr sind als Geld und Technologie. Die Fähigkeit der Konkurrenten, ihren Konkurrenzkampf für eine Weile zu vergessen und denjenigen Hilfe anzubieten, die sie erst jetzt als Kollegen erkennen, zeigt, dass Unternehmen eine Seele haben können. Aber das rechtfertigt nicht all die Dinge, die sich in der Geschäftswelt verselbstständigen konnten, obwohl sie nachweislich dem Erfolg schaden. Es täuscht nicht über das Ungleichgewicht hinweg, in dem Häuptlinge und Indianer heutzutage stehen: Innerhalb der letzten zehn Jahre hat sich das Führungspersonal in den Unternehmen verdreifacht. Unternehmenshierarchien werden immer weiter ausgebaut, und es kommen ständig neue Entscheidungsebenen hinzu, während Autorität und Verantwortung in weiten Teilen gleich bleiben, also nicht mitwachsen. Firmen beschwören ihre demokratischen Strukturen – und schaffen eine Welt, in der Menschen immer noch wie Ameisen arbeiten.

Wir werden uns in diesem Buch die sieben Todsünden des Managements ansehen. Selbstverständlich dürfen Sie sich über die Sünden, die wir hier aufführen, wundern. Wir hören Sie bereits erstaunt ausrufen, dass all das Beschriebene doch den normalen Gepflogenheiten der modernen Geschäftswelt entspricht. Und das stimmt – ebenso wie die sieben Todsünden zum alltäglichen Leben gehören. Aber das macht sie nicht weniger gefährlich. Denn genauso, wie die sieben Todsünden sich verschworen haben, unsere Seele zu zersetzen, haben sich die sieben Todsünden des Managements verschworen, unsere Wirtschaft zu ruinieren. Begehen Sie sie nur, wenn Sie unbedingt wollen – aber tun Sie es auf eigene Gefahr. Und seien Sie sich darüber im Klaren, dass Sie Ihr Unternehmen dabei aufs Spiel setzen – nicht zu vergessen die Zukunft all der Menschen, deren Existenz von Ihrem Unternehmen abhängt.

1

Die erste Todsünde:
Wollust im Vorstandszimmer

Nach Shareholder Value lechzen, egal was es kostet

Sie haben hart gearbeitet und sämtliche Stolpersteine überwunden, die neidische Kollegen Ihnen in den Weg legten. Und nun sind Sie in der Vorstandsetage angekommen. Die Eifersucht, der Neid und die Bösartigkeit, mit der Sie sich Ihren Kollegen entgegenstellten (jenen Feinden, die Sie auf dem Weg zu Ihrem rechtmäßigen Platz an der Unternehmensspitze überholt haben), werden nunmehr durch die Profitgier ersetzt. Als Lohn Ihrer Mühe bekommen Sie ein beachtliches Gehalt. Doch der eigentliche Gewinn liegt in den Aktienoptionen, die Sie für sich ausgehandelt haben – vorausgesetzt, Sie sorgen dafür, dass sich der Marktwert Ihres Unternehmens in schwindelerregende Höhen steigert! Was also tun Sie? Genau: Sie schaffen Shareholder Value. Und Sie können jederzeit behaupten, allein im Interesse des Unternehmens zu handeln ...

* * * * *

Der Wollust-Check

Sind Sie der Wollust verfallen? Richten Sie geschäftliche Entscheidungen an Ihren persönlichen Interessen aus? Beantworten Sie die nachfolgenden Fragen so aufrichtig wie möglich (wenn Sie sich trauen), und finden Sie heraus, wie hoch Ihr Wollustfaktor ist.

1. Was sehen Sie sich Montag morgens als Erstes an:
   a) die Verkaufszahlen der vergangenen Woche ....
   b) die Pressemitteilung über die Gewinnerwartungen
   c) den aktuellen Preis Ihrer Unternehmensaktien ......

2. Sie besitzen bereits Aktienoptionen von Ihrem Unternehmen. Wollen Sie:
   a) mehr ....
   b) viel mehr ....
   c) so viele, wie Sie irgend bekommen können ....

3. Einer der Unternehmensbereiche weist im dritten Quartal in Folge Verluste aus. Werden Sie
   a) mit dem zuständigen Leiter innovative
      Maßnahmen erörtern ....
   b) einen Interimsmanager einsetzen, um die Kosten
      zu senken ....
   c) diesen Unternehmensbereich veräußern? ....

4. Sie werden morgen das Quartalsergebnis bekannt geben. Führen Sie heute Abend
   a) Ihre bessere Hälfte ....
   b) Ihren Börsenmakler, oder ....
   c) Ihren PR-Manager zum Essen aus ....

5. In der Forschungsabteilung Ihres Unternehmens wurde eine bahnbrechende Technologie entworfen; nun bittet man Sie um ein Entwicklungsbudget in Höhe von 5 Millionen Dollar. Reagieren Sie darauf, indem Sie
   a) sich vor Lachen auf dem Teppich kugeln .... ☐
   b) eine Vorstandssitzung einberufen .... ☐
   c) die Entscheidung bis zum nächsten Quartal aufschieben .... ☐

6. Der Aktienkurs Ihres Unternehmens fällt. Ihre Reaktion ist
   a) eine neue Pressemitteilung herauszugeben, in der zukünftige Gewinne angekündigt werden ... ☐
   b) den Termin für die Markteinführung eines neuen Produkts vorzuziehen .... ☐
   c) mit dem Leiter des Finanzbereichs Essen zu gehen ☐

7. Sie sprechen erstmals vor der Aktionärsversammlung. Verkünden Sie
   a) dass Sie den Shareholder Value zu Ihrem obersten Anliegen machen .... ☐
   b) dass Sie sich auf mehr Kundenzufriedenheit konzentrieren wollen .... ☐
   c) dass Sie alles tun werden, um den Unternehmensprofit zu steigern? .... ☐

8. Ein Bekannter bittet Sie um einen Investment-Tipp. Wie verhalten Sie sich –
   a) raten Sie ihm, in ein solides Unternehmen zu investieren .... ☐
   b) zwinkern Sie ihm zu und raten ihm, in den Zeitungen auf wichtige Ankündigungen Ihres Unternehmens zu achten .... ☐
   c) geben Sie ihm die Internetadresse von schwab.com ☐

9. Man tritt mit einem Jobangebot an Sie heran. Als Erstes fragen Sie
   a) nach dem Geschäftsgewinn .... ▢
   b) nach den Aktienoptionen, die man Ihnen anbieten würde .... ▢
   c) nach dem Potenzial des fraglichen Unternehmens ▢

10. Ihr Unternehmen beendet das Geschäftsjahr mit erheblichen Verlusten. Daraufhin werden Sie
    a) sich voller Elan bemühen, neue Märkte zu erschließen .... ▢
    b) den billigen Importen die Schuld geben .... ▢
    c) eine umfassende interne Umorganisation ankündigen .... ▢

Auswertung

1.:	a)	0	b)	5	c) 3 Punkte
2.:	a)	1	b)	3	c) 8 Punkte
3.:	a)	1	b)	4	c) 6 Punkte
4.:	a)	2	b)	8	c) 5 Punkte
5.:	a)	14	b)	1	c) 4 Punkte
6.:	a)	4	b)	1	c) 3 Punkte
7.:	a)	6	b)	1	c) 0 Punkte
8.:	a)	0	b)	7	c) 2 Punkte
9.:	a)	2	b)	20	c) 0 Punkte
10.:	a)	1	b)	3	c) 8 Punkte

0 ➤ ——————————————————————— ➤ 80

Wo auf dieser Skala befindet sich Ihr Wert? Je weiter Sie nach rechts tendieren, umso sicherer nähern Sie sich ewiger Verdammnis!

»Nie zuvor in der Geschichte der großen Unternehmen haben sich Führungskräfte und Finanzfachleute so sehr für das Wohl der Aktionäre eingesetzt wie heute. Und zugleich sind die Aktionäre schwieriger zufrieden zu stellen denn je.« Das *Shareholder Value Magazine*[1] widmet sich ganz und gar einem Thema: Investoren darüber zu informieren, welche Unternehmen den höchsten Kursgewinn erhoffen lassen. Damit ist dieses Blatt bezeichnend für einen der wichtigsten Trends in der heutigen Unternehmenslandschaft: die Zufriedenheit der Aktionäre steht an allererster Stelle.

In den USA gehört es sogar zu den gesetzlichen Pflichten eines jedes Vorstandsmitgliedes, den Wert des Unternehmens zugunsten der Aktionäre zu optimieren. In Europa hingegen spricht man meist lieber vom »Stakeholder Value«[*], womit die Vorstände ausdrücken wollen, sich nicht allein den Aktionären, sondern auch den Kunden, Lieferanten, Mitarbeitern und der Gesellschaft überhaupt verpflichtet zu fühlen. Doch auch hier steht für das Gros der Shareholder Value an allererster Stelle.

Daher stellt sich die Frage: Warum wurde Shareholder Value gegen Ende des 20. Jahrhunderts zu so einem heißen Thema? Und beherrscht dieses Thema auch heute noch unternehmerisches Denken?

Wie viel ist mein Unternehmen wert?

Im Umbruch von der Industriewirtschaft in eine Knowledge-based Economy wurde es zusehends schwieriger, den tatsächlichen Wert von

»Wenn du dein Geld zählen kannst, bist du nicht wirklich wohlhabend.«

Paul Getty

Unternehmen zu ermitteln. Ehedem konnten Firmenwerte anhand greifbarer Vermögensgegenstände errechnet werden. Je mehr Fabri-

---

[*] wörtlich »Teilhaberwert«, *Anm. d. Übers.*

ken, Maschinen, Fertigungsanlagen und Bürogebäude ein Unternehmen besaß, umso höher lag sein Buchwert. Es war wie mit dem Familiensilber – man hatte etwas, worauf man zurückgreifen konnte. Selbst wenn die Gewinne schwankten, blieb der Wert des Familiensilbers gemeinhin konstant.

Doch während der 80er- und 90er-Jahre gerieten zahlreiche traditionelle Firmen in Schwierigkeiten. Wirtschaftsfeindliche Lohnpolitik und zunehmende Inflexibilität der Fertigungsindustrie traten eine Welle von Rationalisierungsmaßnahmen los. Unter der Motto »Arbeitsabläufe verdichten und verschlanken« wurden kontinuierlich mehr Produktionsabschnitte nach außen verlagert. Die greifbaren Vermögensgegenstände der Unternehmen standen nicht länger für die Konkurrenzfähigkeit, und die Bilanzen sagten so gut wie gar nichts mehr über den tatsächlichen Unternehmenswert aus. Entscheidend war plötzlich, was Firmen leisten konnten, nicht, was sie besaßen. Die Bemerkung eines Managers aus der Halbleiterbranche trifft den Nagel auf den Kopf: »Wir sind so erfolgreich, dass wir in kleinere Räumlichkeiten umziehen können.«

Viele Unternehmen – besonders jene aus den Bereichen der modernen Technologie – suchten nach neuen Wegen, wie ihre immanenten Werte zu ermitteln wären. Die Erkenntnis, dass immaterielle Werte wie Wissen, Patente, Know-how weit größeren Einfluss auf das Gewinnpotenzial von Firmen hatten, als Größe und Zahl ihrer Bürogebäude, verbreitete sich wie ein Lauffeuer.

Dennoch blieb die Frage: Wie können wir den tatsächlichen Wert unseres Unternehmens bestimmen?

> »Die Wollust ist den anderen Passionen,
> was das Blut dem Leben ist;
> sie hält sie alle
> und verleiht ihnen Stärke ...
> Ehrgeiz, Grausamkeit, Habsucht, Rachlust –
> sie alle gründen in der Wollust.«
>
> *Marquis de Sade*

Unternehmensbarometer?

Die Antwort gab der Aktienmarkt. Doch dieser Markt hatte sich grundlegend verändert. Eine neue Generation von Börsenmaklern war auf den Plan getreten, die in der Börse einen Ort sahen, an dem sich gigantische Gewinne erzielen ließen. Selbstverständlich können Sie jetzt einwenden, dass das schon immer Sinn und Zweck der Börse gewesen war. Aber das stimmt nicht ganz: Die Börse galt bisher als zuverlässiges Unternehmensbarometer – sie sagte etwas über den (tatsächlichen) Wert eines Unternehmens aus.

In der Industriewirtschaft war der Aktienkurs gleichsam ein Indikator für die Stabilität eines Unternehmens. Ein steigender Kurs zeigte den Investoren, dass es dem Unternehmen gut ging und es – voraussichtlich – auch weiterhin stabil bleiben würde, weil er sich nach Gewinn- und Verlustrechnungen, Bilanzen, einem soliden Portfolio, Vermögensgegenständen und einer ganzen Reihe weiterer greifbarer Daten richtete.

Mit der Knowledge-based Economy haben sich diese Kriterien faktisch ins Gegenteil verkehrt: Der Wert eines Unternehmens richtet sich nach dem Aktienkurs. Konnten in den 60er- und 70er-Jahren Kursschwankungen in 25 Prozent aller Fälle auf Schwankungen der Nettoerträge zurückgeführt werden, war dieser Zusammenhang in den 80er- und 90er-Jahren nur noch in 10 Prozent aller Fälle auszumachen. Und es ging noch weiter: der Aktienkurs sagte nichts mehr über den gegenwärtigen, sondern lediglich über den zu erwartenden Wert eines Unternehmens aus. Je höher der Aktienpreis lag, umso größer waren die Hoffnungen, die der Markt in ein bestimmtes Unternehmen setzte. Und je mehr Versprechungen ein CEO machte, umso höher stieg der Aktienpreis. CEOs haben längst begriffen, dass Gier das Einzige ist, wofür Börsenhändler wirkliches Verständnis zeigen!

Die Kluft zwischen dem Buchwert eines Unternehmens und seinem Marktwert – sprich: seinem Börsenmarktwert – wurde größer und größer. Zwischen 1973 und 1993 steigerte sich in bei US-

Unternehmen die Abweichungsrate zwischen Markt- und Buchwert von 0,82 auf 1692. Und zwischen 1981 und 1983 wurden bei Unternehmenskäufen in den USA durchschnittliche Kaufpreise gezahlt, die das 4,4-fache des Buchwertes betrugen.

Dieser Entwicklung verdankte sich das Phänomen, dass die Gründer neu-emittierter Unternehmen plötzlich erlebten, wie sie über Nacht zu Multimillionären wurden. Als *Dreamworks SKG* emittierte, gaben sie Vermögenswerte in Höhe von 250 Millionen Dollar an; der Markt schätzte sie auf über 2 Milliarden Dollar![2] Steven Spielberg, Jeffrey Katzenberg und David Geffen dürften zu reichlich dankbaren Börsenliebhabern geworden sein! Nach der Präsentation von Windows 95 erlebte Microsoft – ein 8-Milliarden-Dollar-Unternehmen – wie die Aktien auf über 100 Milliarden Dollar stiegen, womit sie mehr wert waren als Chrysler oder Boeing. Dieser bombastische Kursanstieg dürfte einige Angestellte zu Multimillionären gemacht haben. Netscape, ein 17-Millionen-Dollar-Unternehmen mit gerade mal 50 Angestellten, ging an die Börse und war bereits zum Schluss des ersten Tages 3 Milliarden Dollar wert.[3] Dasselbe »Schicksal« ereilte die Eigner der zahlreichen dot.com-Firmen; der Aktienmarkt war scheinbar nur zu gern bereit, des Kaisers neue Kleider zu kaufen! Doch heute geht vielen dieser Eigner auf, dass Aktienwerte nicht so zuverlässig sind wie Familiensilber – was mancherorts, gelinde gesagt, zu Verdruss führte. Die marktübliche Gier nach dem schnellen Dollar hat viele Unternehmen geradewegs in die Hölle des 11. Kapitels befördert.

> »Die Wollust erfreut sich ihrer Flammen weit häufiger in den Kammern der Kirchendiener als in den Häusern der Unrühmlichen.«
>
> *Marcus Minucius Felix*
> *(2. oder 3. Jahrhdt. v. Chr.)*

Die neue Marktwirtschaft

Der Börsenhandel, der immer schon eine Allmacht von eigenen Gnaden darstellte, ist zu weit mehr geworden als einem einfachen Barometer. Er ist der Oberste Gerichtshof des Handels. Seine Urteile sind unanfechtbar; Unternehmen werden über Nacht geboren und zum Tode verurteilt. Und das geschieht mit eiskalter, berechnender Gleichgültigkeit gegenüber den Betroffenen.

In dieser Situation begibt sich in Gefahr, wer seine Aktionäre ignoriert. Deshalb konnte jener Effekt eintreten, den das *Shareholder Value Magazine* so treffend schildert: »So gut wie alle entscheidenden Schritte, die Unternehmen machen, orientieren sich heute am Shareholder Value: er bestimmt die Agenda eines jeden CEO, CFO, Aktionärsreferenten und Unternehmensstrategen ... den Erwartungen der Wall-Street-Analysten, der Geldmarktspezialisten und der einzelnen Investoren gerecht zu werden, ist nicht minder wichtig als Unternehmenswachstum und Rentabilität.«[4]

Mithin werden aus marktorientierten Unternehmen *aktien*marktorientierte. Am Markt ausgerichtete Strategien werden durch solche ersetzt, die sich am *Aktien*markt ausrichten. Anstelle von Marktbedürfnissen interessieren *Aktien*marktbedürfnisse; und Marktführer ist, wer am *Aktien*markt führt. Marktwirtschaft wird zu *Aktien*marktwirtschaft.

Doch im grünen Gras lauert eine Schlange: der Aktienmarkt mag Ihr Unternehmen vermögend machen, kann aber keine Liquidität schaffen. Daher befinden Sie sich als Manager in einem heiklen Balanceakt: Sie müssen sowohl auf dem Papier als auch auf der Bank Vermögen anhäufen, wobei dieses Vermögen sich einmal aus den zukünftigen Gewinnen und einmal aus den gegenwärtigen Verkäufen von Produkten und Dienstleistungen generiert. Denn während der Aktienmarkt sich vornehmlich für die

> »Die Lust auf Bequemlichkeit ist jenes verstohlene Wesen, das das Haus als Gast betritt, dann zum Gastgeber wird und schließlich zum Herrn.«
>
> *Kahlil Gibran*

Hoffnungen interessiert, die in Ihr Unternehmen gesetzt werden, erwarten Ihre Kunden prompte Lieferung.

Das machen doch alle

Nichtsdestotrotz verlegen mehr und mehr CEOs ihr Engagement gänzlich auf die Seite des Shareholder Value. Böse Zungen könnten behaupten, aus dieser Ungleichgewichtung spräche blanker Egoismus: Da Managementgehälter häufig mit großzügigen Aktienoptionen gekoppelt sind, ist es naturgemäß im Interesse des CEOs, den Aktienwert kontinuierlich ansteigen zu lassen. Je vermögender sein Unternehmen scheint, umso vermögender wird der CEO. In den Vorstandszimmern dieser Welt steht Gier ganz oben auf der Tagesordnung.

Um dem Eindruck vorzubeugen, wir ließen uns zu wenig haltbaren Verdächtigungen hinreißen, möchten wir ein paar Jahresberichte zitieren. Íslandbanki: »Die Bank sieht ihre Aufgabe darin, den Shareholder Value zu steigern, indem sie Privat- und Geschäftskunden hervorragende Finanzleistungen und wertverbessernde Lösungswege anbietet.«[5] Cadbury Schweppes: »Der Nettogewinn aus Aktien sollte sich alle vier Jahre verdoppeln.« »Arch Coal hat sich dem Ziel verschrieben, eine Führungsposition in der weltweiten Kohleindustrie einzunehmen und langfristig überlegenen Shareholder Value zu schaffen.«[6] »Hillenbrand Industries stellt sich der vorrangigen Aufgabe, Unternehmensportfolio und Managementpotenzial zur Steigerung des Shareholder Value einzusetzen.«[7] PA Consulting: »Die klare Zielsetzung unseres gehobenen Managements ist die Orientierung am und Steigerung des Shareholder Value.«[8]

Wir würden jede Wette eingehen, dass **Ihr** Unternehmen kein bisschen anders ist!

Man kann es nicht ignorieren

Es lässt sich schwerlich übersehen, dass Shareholder Value wichtiger genommen wird denn je. Zugleich sind die Mittel, mit denen CEOs den Wert ihres Unternehmens kontinuierlich zu steigern streben, nicht etwa der Knowledge-based Economy entlehnt, sondern vielmehr Überbleibsel aus der industriewirtschaftlichen Ära – wenn auch effiziente Überbleibsel.

Eines dieser Mittel ist das Abstoßen von Beteiligungen. Abteilungen oder Unternehmenszweige, die keine positiven Beiträge zum »Kerngeschäft« mehr leisten, keinen »strategischen Platz« am Markt innehalten oder nicht »wettbewerbsfähig« sind, werden verkauft, und die Einkünfte aus dem Verkauf kommen der Bilanz zugute. Werden Produktionszweige abgestoßen, senken sich natürlich die Produktionskosten und die Unternehmen können sich »strategisch wertvolle« Lieferanten suchen (meist genau jene Unternehmensglieder, die soeben ausgegliedert wurden). Im Gegenzug entfällt für das vormalige Mutterunternehmen der Verwaltungsaufwand, während der ausgegliederte Produktionszweig seinen Sitz in Niedriglohnländer verlegen kann. Die Forschungsbemühungen zielen auf Rentabilität und nicht länger auf bahnbrechende Verbesserungen, wodurch langfristige Investitionen gemieden werden. Nicht zu vergessen, dass sich mit der Umstrukturierung eine günstige Gelegenheit für Stellenabbau bietet, da Produkte und Fertigungsprozesse »rationalisiert« werden.

Finanztechnik

Wir glauben, dass es sich bei diesen Phänomenen um etwas handeln, was sich am besten mit »Finanztechnik« beschreiben lässt. Dahinter stecken eher Buchhalter als Manager, und motiviert ist sie einzig von der Lust nach dem schnellen Dollar. Mittels dieser Technik werden Zahlen schöngefärbt, was am Börsenmarkt wohlwollend registriert wird. Aber selbstverständlich würde niemand den Aktienhändlern unterstellen, der Gier verfallen zu sein!

Als Cor Boonstra seinen Posten bei Sara Lee aufgab, um Präsident von Philips Electronics zu werden, verkündete er, dass seine Managementpolitik sich in erster Linie dem Ziel widmen würde, Shareholder Value zu schaffen. Wie sich zeigen sollte, hat er sich dabei eben jener Maßnahmen bedient, die wir bereits beschrieben haben. Im 1998er-Jahresbericht des breitgefächerten Unternehmens, das zu den Top-100 der *Fortune*-Liste gehört und weltweit über 200.000 Menschen beschäftigt, schreibt er:

- Wir haben den Prozess der Neuorientierung fortgeführt
- Wir haben unsere Produktionsabläufe noch weiter rationalisiert
- Wir haben Teile des Geschäftsüberschusses genutzt, um den Shareholder Value zu verbessern und zugleich Möglichkeiten erforscht, wie diese Überschüsse langfristig optimal zu nutzen wären
- Wir haben unsere Kosten weiter senken können.[8]

Im darauffolgenden Jahr konnte Boonstra verkünden:

- Wir haben unsere Liquiditätslage genutzt, um über 1,5 Milliarden Euro an die Aktionäre auszuschütten; gleichzeitig konnten wir die Zahl der ausgegebenen Aktien um 8% reduzieren.
- Der Aktienpreis stieg im Laufe des Geschäftsjahres um 136%, wodurch sich unser Marktwert um 24 Milliarden Euro steigerte.[9]

Woher kam dieses Geld?

Eine Analyse ergab, dass die Haupteinnahmen von Philips während dieser beiden Jahre aus dem Verkauf von Polygram stammten, dem Zweig für Unterhaltungselektronik, der an Seagram veräußert wurde. Darüber hinaus wurden 40 andere Unterabteilungen abge-

stoßen, zu denen Origin, die IT-Tochter des Unternehmens, Ferti-
gungsabteilungen, die seither unabhängig arbeiten, und Beteiligungen an diversen Zusatzgeschäften wie Handys und Autoradios zählten. Boonstra fasst es in dem Jahresbericht von 1998 folgender-
maßen zusammen:

> *Wir haben erhebliche Fortschritte in der Rationalisierung der*
> *Produktionsprozesse gemacht und konnten unsere Bilanz deut-*
> *lich verbessern, so dass wir einen Nettoüberschuss verzeichnen.*
> *Obwohl der Cash-Flow, mit Ausnahme von Nettoerträgen aus*
> *Beteiligungsverkäufen und Anteilskäufen sowie außergewöhn-*
> *licher Erträge im vergangenen Jahr spürbar zurückging, weist*
> *die Bilanz hier einen Betrag von 1,6 Milliarden NLG aus.*«[10]

Mit anderen Worten: Die positiven Bilanzposten resultierten nicht
etwa aus einer Verbesserung der Produktionsprozesse, einer Zunahme des Warenumsatzes, verbesserter Dienstleistung oder größerer
Kundenzufriedenheit. Vielmehr ist in all diesen Bereichen ein deutlicher Rückgang zu registrieren. Nein, das Geld verdankt sich ausschließlich finanziellen Transaktionen – ein perfektes Beispiel dafür,
wie der Verkauf des Familiensilbers funktioniert. Und Boonstra tat
all dies, um den Shareholder Value zu verbessern. Wie er im Jahresbericht für 1999 betont: »Vor allem möchte ich Ihnen im Namen
des Vorstandes dafür danken, dass Sie, als einer unserer Aktionäre, uns ungebrochene Unterstützung zuteil werden ließen. Wir sind
uns des großen Vertrauens bewusst, das Sie und Ihre Mitaktionäre
in unser Unternehmen setzen und durch das Philips erst zu dem
werden konnte, was es heute ist.«[11]

Die Sklaven der Wall Street

Sehen wir uns die Liste der Unternehmen an, die gegenwärtig
zusammenbrechen – Enron, Global Crossing, Xerox, Lucent, Qwest
– so stellen wir fest, dass ihnen allen etwas gemein ist: Sie waren

zu Sklaven der Wall Street geworden. Sie haben sich von einem Wachstumsversprechen versklaven lassen – und kreative Wege gefunden, dieses Wachstum vorübergehend tatsächlich zu erbringen. Enron hat zukünftige Erträge aus einem 20-Jahresvertrag in ein einziges Geschäftsjahr aufgenommen und so Umsätze angegeben, die sie über Jahre nicht machen würden. Aber die Wall Street haben sie damit bei Laune gehalten.

Wachstumsziele mussten erfüllt werden – ganz gleich wie. Als der Wall-Street-Liebling Lucent Wachstumsprognosen ausgab, die viele Leute innerhalb des Unternehmens für unrealistisch hielten, sprang die kreative Buchhaltung mit Umsatzvorausschauen für zukünftige Quartale ein, »in denen hohe Abzinsungen und ausgesprochen großzügige Finanzarrangements angeboten wurden. ›Je weiter wir zurückfielen‹, erklärte Vorstandsmitglied Henry Schacht später, ›umso mehr diskontierten wir.‹«[12]

Schließlich platzte die Lucent-Seifenblase, und die Aktien fielen um 80 Prozent im Wert. Schacht, der den CEO Rich McGinn abgelöst hatte, sagte:»Aktienpreise sind nur ein Nebenprodukt, aber keine treibende Kraft. Und ich fand es jedesmal schmerzlich mitanzusehen, wenn bei uns jemand diese Tatsache aus den Augen verlor.«[13]

Wer hält die Fäden in der Hand?

Können Börsen in Geschäftsdingen Richter und Geschworene zugleich sein? Machen Aktionäre Unternehmen überhaupt erst möglich? Gewiss spielen sie eine wichtige Rolle, insofern sie die finanziellen Mittel zur Verfügung stellen, durch die Geschäfte *ermöglicht* werden. Und sie erwarten zu Recht Erträge aus ihren Investitionen. So gesehen machen sie Unternehmen tatsächlich möglich. Aber das tun Banken auch, das tun Lieferanten auch, das tun Mitarbeiter auch und nicht zuletzt tun es auch Kunden. Sich allein auf die Aktionäre zu konzentrieren, heißt, alle anderen zu übersehen, die ebenfalls zum Erfolg eines Unternehmens beitragen.

Aktionäre sehen die Börse als ihr Tätigkeitsfeld – dies ist der Ort, an dem sie sich von Konkurrenz umgeben sehen, an dem sie ihre Strategien orientieren, Gewinne erzielen, Geschäfte machen und Handel treiben.

Ihre Strategien basieren zumeist auf Erwartungen, die sie in Unternehmen setzen. Wenn sie *erwarten*, dass ein bestimmtes Unternehmen sich positiv entwickeln wird, investieren sie in dessen Aktien. Wenn sie *erwarten*, dass ein bestimmtes Unternehmen seine Ziele nicht erfüllen wird, verkaufen sie dessen Aktien. Doch diese Erwartungen werden letztlich nicht von den Aktionären erfüllt, (oder nicht erfüllt), sondern von denjenigen, die ein Unternehmen tragen.

Aktionäre mögen große Erwartungen in Ihr Unternehmen setzen – aber das bedeutet, Sie müssen diesen Erwartungen gerecht werden.

> »Ehrgeiz ist kirchlich abgesegnete Wollust.«
>
> *Daniel Noonan*

Sie müssen Produkte oder Dienstleistungen verkaufen. Sie müssen für effiziente Produktionsprozesse sorgen. Sie müssen Kunden gewinnen. Sie müssen Mitarbeiter finden, deren Wissen und Fertigkeiten Sie in die Lage versetzen, Ihre Ideen umzusetzen. Gelingt Ihnen das nicht, verlieren Sie das Zutrauen der Aktionäre, was wiederum zur Folge hat, dass der Wert Ihres Unternehmens sinkt. Ob diese Wechselwirkung für einen CEO ähnlich ausschlaggebend ist wie sein persönliches Interesse, den Wert seiner eigenen Aktienoptionen zu steigern, mag der Leser entscheiden.

»Wenig originell«

L'Oréal gehört zu den ganz großen Namen in der Kosmetikindustrie. Der Vorstandsvorsitzende Owen-Jones hat sich einer einfachen Strategie verschrieben, welche von der *Financial Times*[14] als »wenig originell« bezeichnet wurde. »Mr. Owen-Jones verfolgt eine Strategie, die in Anbetracht der rasanten Entwicklungen auf dem Konsumgütersektor wenig originell, dafür aber äußerst effizient ist: Er konzentriert sich auf eine Palette fest etablierter Markenprodukte, mit denen er sich gezielt an Wachstumsmärkte wendet.«

L'Oréal erfreut sich bei Aktionären ausgesprochener Beliebtheit, doch diese Beliebtheit hat wenig mit Erwartungen zu tun, die in diesen Konzern gesetzt werden. Vielmehr gründet sie in der verlässlichen Unternehmenspolitik. Wie die *Financial Times* schreibt: »Die Beständigkeit, mit der L'Oréal seine Finanzziele erfüllt, ist zweifellos bemerkenswert: Während der vergangenen 16 Jahre verzeichnete das Unternehmen einen jährlichen Umsatzzuwachs im zweistelligen Bereich. Im Jahr 2000 lag der Nettogewinn aus Verkäufen in Höhe von 12,7 Milliarden Euro mit 1 Milliarde Euro (900 Millionen Dollar) doppelt so hoch wie 1995, und das nachdem sich der Gewinn zwischen 1990 und 1995 bereits verdoppelt hatte. Der Markt belohnte dieses konsequente Wachstum mit einer Wertsteigerung, die nichts zu wünschen übrig ließ. L'Oréal-Aktien werden mit einer Gewinnprognose für 2001 in Höhe von 46 Prozent gehandelt, was bedeutet, dass die Börse diesem Konzern das Zweifache der marktüblichen Erträge zutraut. Diesen Erwartungen gerecht zu werden, ist die größte Herausforderung, der sich das Unternehmen zu stellen hat.«

Wir sehen also wieder einmal »Erwartungen«. Doch diese Erwartungen sind fundiert, insofern sie sich auf die Unternehmensentwicklung der vergangenen 16 Jahre stützen. Der Erfolg der Vergangenheit wird in die Zukunft projiziert. L'Oréal hat Shareholder Value geschaffen, indem sie jahrein, jahraus außergewöhnliche Gewinne erzielen konnten.

»Aktionäre sind nicht alles«

Im Februar 1997 veröffentlichte das *Fortune Magazine* einen Artikel mit der Überschrift »Aktionäre sind nicht alles«[15]. Es handelte sich dabei um ein Interview mit John Kaye, in dessen Einleitung stand: »Der Horizont der Manager verengt sich kontinuierlich. CEOs scheinen sich heute ausschließlich für den Shareholder Value zu interessieren. So kann es nicht bleiben. Man muss auch in Menschen und Know-how investieren, und das wiederum dürfte den Aktionären nicht sonderlich gefallen.« In dem Interview sagte John Kay – designierter Direktor der School of Management Studies an der Oxford University – der Sinn eines Unternehmens bestünde darin, »Güter und Dienstleistungen anzubieten, die die Leute brauchen. Ein Unternehmen zu haben, bedeutet, Arbeitsplätze anzubieten, den Kunden etwas zu geben, was für sie von Wert ist, die Fähigkeiten der Mitarbeiter auszubauen und zu fördern und die Kapazitäten der Lieferanten optimal zu nutzen – und auch Geld für die Aktionäre zu verdienen.« Ein erfolgreiches Unternehmen schafft sich seinen Wert selbst, meint er.

> »Ihre unstillbare Gier nach Macht wird nur noch von ihrer unheilbaren Unfähigkeit übertroffen, sie auszuüben.«
>
> *Sir Winston Churchill*

Und Kay glaubt daran, dass dieser Wert nur zu erreichen ist, indem auf beiden Seiten gewonnen wird, auf der der Aktionäre sowie der der Angestellten, Kunden und weiterer Beteiligten.

Gewiss ist Kay nicht der einzige, der davor warnt, eifrig nach Shareholder Value zu streben und dabei alle anderen Involvierten zu ignorieren. Viele Wirtschaftskommentatoren sehen die Fallstricke, die eine einseitige Konzentration auf den Shareholder Value mit sich bringt. So hapert es beispielsweise an der nötigen Motivation der Angestellten, wenn sie tagein, tagaus hören, sie würden ausschließlich für die Aktionäre arbeiten. Kaufen denn diese Aktionäre unsere Produkte, werden sie zu Recht fragen. Arbeiten wir nicht mehr für unsere Kunden? Richten wir uns nach einem Markt oder nur noch nach dem Aktienmarkt?

Reich oder gesund?

Wirtschaftsbeobachter sind sich darin einig, dass Shareholder Value geschaffen wird, *indem man dafür sorgt, das eigene Unternehmen gesund zu halten.* Natürlich ist es schön, ein reiches Unternehmen zu haben – reich im Sinne von hoch im Aktienwert – aber ein gesundes Unternehmen ist eine gänzlich andere Sache.

Als die dot.com-Blase platzte, mussten Investoren gewaltige Verluste hinnehmen. Die Aktienpreise fielen in den Keller, und scheinbar über Nacht wurden Milliardenwerte ausradiert. Einige der wohlhabendsten Unternehmen der Welt waren plötzlich bettelarm. Und die Aktionäre mussten wieder einmal erfahren, dass das alte Klischee immer noch stimmt: »Es gibt keine sichere Wette.«

Rückblickend sehen die meisten Leute ein, wie fatal viele der dot.com-Unternehmen überbewertet wurden. Man hatte große Erwartungen in sie gesetzt, aber es hatte sich nicht bezahlt gemacht. Der CEO von Sun Computers, Scott McNealy, bemerkte gegenüber einer Gruppe von New Yorker Investoren: »Der Wert der Autos, die auf dem Firmenparkplatz stehen, übersteigt die Erträge um das Vierfache.« Und woher stammte das Geld, um all diese Wagen zu kaufen? Aus dem Versprechen, mehr umzusetzen, als sie jemals auslieferten.

Was wirklich zählt, sind die Erträge, die ein Unternehmen erwirtschaftet. Höhere Umsätze, solide Investitionen, kundenorientierte Weiterentwicklung: diese drei sind die wahren Indikatoren für den Gesundheitszustand eines Unternehmens. Finanzielle Restrukturierungen hingegen können lediglich kurzfristig den Anschein von Reichtum vermitteln, aber aus diesem vorübergehenden Reichtum lassen sich keinerlei Rückschlüsse auf die Stabilität ziehen.

Die Manager von heute müssen sich auf das zurückbesinnen, was sie am besten können: die Kompetenzen ihres Unternehmens ausschöpfen, um Produkte und Leistungen zu produzieren, die die Kunden ansprechen, und somit den Wert des Unternehmens heben. Sobald ihnen das gelingt, wird der Shareholder Value automatisch nachfolgen.

Das Pferd beim Schwanz aufzäumen

Selbstverständlich ist nichts falsch daran, Shareholder Value zu schaffen. Es ist nur recht und billig, den Menschen etwas zurückgeben zu wollen, die das nötige Kapital bereitstellen, um ein Unternehmen funktionsfähig zu machen. Zu einer Todsünde wird dieses Streben erst in dem Moment, da es alles andere verdrängt. Sich auf die Aktionäre zu konzentrieren und dabei das Unternehmen an sich, die Investitionen, die Motivation der Arbeitskräfte, die Zusammenarbeit mit Partnern und Zulieferern außer Acht zu lassen, ist eine Todsünde. Wer so handelt, zäumt das Pferd beim Schwanz auf.

Da Unternehmen heute mehr und mehr mit Mitteln arbeiten müssen, die wenig gegenständlich und somit kaum greifbar sind, dürfen sie sich nicht länger allein dem Shareholder Value widmen. Sie müssen sich vielmehr aller Beteiligten annehmen – zu denen unter anderem auch die Aktionäre gehören. Aber das Wissen, auf dem der unternehmerische Erfolg basiert, steckt in den Köpfen der Mitarbeiter, denen ein höherer Wert beizumessen ist als je zuvor. Manager müssen strategische Allianzen schaffen, sich in Wissensnetzwerke einklinken, wenn sie Kunden zufrieden stellen wollen, deren Erwartungen so hoch geschraubt sind wie nie.

Wir haben uns in diesem Kapitel mit den Strategien bei Philips und bei L'Oréal beschäftigt. Erstere konzentrierten sich ausschließlich auf den Shareholder Value – und konnten ihre Umsätze nicht steigern, weshalb sich der Aktienpreis in einer nicht aufzuhaltenden Talfahrt befindet. Bei L'Oréal hingegen verschreibt man sich der Ertragssteigerung, was mit einem kontinuierlichen Anstieg des Aktienwertes belohnt wird. Das eine Unternehmen also strebt nach Reichtum, das andere nach Gesundheit.

> »Manch Liebe ist wie Feuer, manch andere wie Rost – doch die reinste Liebe von allen ist die Lust.«
>
> *Augustinus*

Wollust im Vorstandszimmer

Niemand schafft es ohne Wollust bis ins Vorstandszimmer. Viele Manager lüstern nach Erfolg, danach, sich über den Durchschnitt zu heben und besser zu sein als die anderen. Und Wollust kann tatsächlich so etwas wie eine Tugend sein, wenn sie in die richtige Richtung zielt.

Doch sobald sie ausschließlich auf die persönliche Bereicherung ausgerichtet ist, sieht die Sache ganz anders aus.

In der gegenwärtigen Wirtschaftswelt geht das Streben nach Schaffung von Shareholder Value allzu oft Hand in Hand mit der Gier der CEOs, den Wert der eigenen Aktienoptionen zu verbessern. Es ist eine egozentrische Gier – und das macht sie zur Sünde.

Diese Sünde kann Unternehmen in den Tod reißen.

Fallstudien

Sünder: Railtrack

Wollust im Vorstandszimmer? Und ob. Railtrack, gegenwärtig unter Konkursverwaltung, dankt seinen Verfall einem einzigen Vergehen: den Shareholder Value über alles andere zu stellen. Während die Aktionäre sich über eine Dividendenausschüttung nach der anderen freuen durften, und der Kurs von anfänglich 3,80 Britische Pfund auf schwindelerregende 17,68 Britische Pfund anstieg, rauschten die Passagiere mit den 16,37 Britischen Pfund geradewegs in die Hölle!

Als die Eisenbahn mit dem Railways Act von 1993 privatisiert wurde, beschloss man, die Instandhaltung der Infrastruktur in die Hände eines staatlichen Unternehmens zu legen. Railtrack wurde 1996 zum öffentlichen Versorgungsbetrieb; ihnen gehörte das nationale Schienennetz, für das sie Nutzungsgebühren erheben durften. Sie waren nicht nur für die Wartung zuständig, sondern auch für sämtliche Investitionen, ob sie nun von ihnen finanziert wurden oder von Dritten. Die Erklärung dafür lautete, dass Railtracks Status als eines der 100 größten Unternehmen Großbritanniens ihm besser erlauben würde, Investitionsgelder an Banken und Börsen einzuwerben.

Railtrack arbeitete von Anfang an mit Gewinn. Aber angesichts wachsender Passagierzahlen und der permanenten Überlastung des Schienennetzes war es den Betreibern der Zuglinien praktisch unmöglich, Fahrpläne einzuhalten. Doch anstatt die Gewinne zur Reparatur des maroden Schienennetzes zu nutzen und die Infrastruktur zu verbessern, zahlte das Unternehmen Dividenden an die Aktionäre.

Dann ereignete sich 1999 in Hatfield das schlimmste Zugunglück in der Geschichte Großbritanniens. Die Ursache war der erbärmliche Zustand der Schienen. Die Kosten für die anschließend vorgenommenen Reparaturen waren enorm. Hinzu kamen die Kosten für die Westküstenlinie – die derzeit um beinahe 5 Milliarden Britische Pfund über den ursprünglichen Schätzungen liegen. Im Jahre 2001 musste Railtrack zum ersten Mal Verluste verzeichnen. Der Aktienpreis fiel, und die Unternehmensleitung wandte sich hilfesuchend an die Regierung. Doch sie hatte bereits ihr eigenes Todesurteil unterschrieben. Ende 2001 meldete Railtrack Konkurs an. Die Aktionäre, die all die Dividende auf Kosten der Passagiere – und am Ende auf Kosten von Menschenleben – genossen hatten, hielten nun nichts als wertlose Papierfetzen in Händen.

Mit dem Betrieb des Schienennetzes wurde ein neues Unternehmen, Network Rail, betraut. Hierbei handelt es sich jedoch um ein Unternehmen, das nicht auf Gewinnerzielung ausgerichtet ist. Alle Überschüsse müssen direkt in das Bahnnetz zurückfließen. Und die Aktionäre? Tja, ihnen wurden schließlich 2,50 Britische Pfund pro Aktie angeboten. Wie die Regierung erklärte, hat man sich zu diesem Kompromiss bereit gefunden, damit Network Rail schnellstmöglich den Betrieb aufnehmen könnte, ohne sich in jahrelange Schadenersatzprozesse zu verstricken. Die Öffentlichkeit allerdings wird den Preis für die Wollust noch viele Jahre bezahlen müssen.

Heilige: Cadbury Schweppes

Leute, die in Cadbury Schweppes investieren, haben festgestellt, dass das Leben durchaus einige schöne Seiten bereithält. Dieses Unternehmen ist für seine Aktionäre zu einer wahren Gelddruckmaschine geworden. Und zwar nicht, indem Zahlen mit Zuckerguss versehen wurden, sondern durch solide Geschäftspolitik und harte Arbeit.

1997 verpflichtete Cadbury Schweppes sich öffentlich, alle Anstrengungen auf das zu konzentrieren, was sie »Shareowner Value« nannten. Sie setzten sich zum Ziel, die jährlichen Erträge pro Aktie um 10 Prozent zu steigern, mindestens 150 Millionen Britische Pfund Gewinneinbehalt zu erreichen und die Aktiengewinne alle vier Jahre zu verdoppeln. Die Bilanzen der Jahre 1997 bis 2000 zeigen, dass das Unternehmen diesen mutigen Zielen sehr nah gekommen ist: die Aktiengewinne stiegen um 11 Prozent, der Gewinneinbehalt lag bei rund 252 Millionen Britischen Pfund und der Gesamtgewinn aus Aktien stieg um 84 Prozent.

Was Cadbury Schweppes von anderen Unternehmen unterscheidet, die öffentlich Shareholder Value versprechen, ist die Tatsache, dass ihre Ziele das Ergebnis einer klaren Marktstrategie sind. 1999 konnte das Unternehmen in 160 Ländern, in denen ihr Marktanteil eher bescheiden war, Getränke im Wert von 1 Milliarde Pfund umsetzen. Dadurch war man in der Lage, sich auf die drei Hauptmärkte zu konzentrieren: Europa, USA und Australien. Hier verlegte man sich ganz und gar auf den eigentlichen Wachstumsmarkt Süßwaren und Getränke, mit dem Ziel, eine robuste und stabile Marktposition auf starken Marken aufzubauen. Die zugrunde liegenden Strategien sind Franchising-Verträge, produktbezogene Innovationen und Stärkung der Marktposition durch taktisch günstige An- und Verkäufe.

Zusätzlich hat Cadbury Schweppes ein eigenes Finanz-konzept entwickelt, das sie das »Managing for Value«-Pro-gramm nennen. Anhand dieses Programms bemisst das Unter-nehmen wertschaffende Maßnahmen nach ihrer Wirtschaftlich-keit. Hierbei geht es vor allem darum, dass die Kapitalkosten – sowohl für Aktienkapital als auch für Unternehmensanleihen – in der Rentabilitätskalkulation berücksichtigt werden. In der Unternehmensleitung ist man überzeugt, dass diese Methode den traditionellen Kalkulationen vorzuziehen ist, da sie sich nicht allein mit den Gewinnen nach Steuern oder den Aktien-gewinnen zufrieden gibt, sondern sämtliche Kosten einbezieht, die bei der Ertragsgewinnung anfallen.

Aufgrund dieses marktorientierten und rentabilitätsbe-wussten Managements konnte Cadbury Schweppes einen außer-gewöhnlich hohen Shareholder Value erzielen. Für den kom-menden Vier-Jahres-Plan verpflichtet man sich wiederum dem »Shareowner Value«. Zugleich ist das Management angehalten, weiterhin auf Wachstum und »richtige« Werbung zu setzen, das heißt, auf Wachstum durch Innovation – in Produkten und Ver-packungen – sowie größere Verfügbarkeit der Produkte.

Falls Sie also einen Tipp möchten, wo Sie Ihr Geld inve-stieren sollten – denken Sie mal an »Sch... Sie wissen schon«!

2

Die zweite Todsünde: Zorn auf dem Markt

Die Konkurrenz angreifen, mit allen Mitteln

In der Wirtschaft geht es zu wie beim Fußball: Sie ist wie ein Spiel für Gentlemen, das von Hooligans gespielt wird. Und falls jemand meinen sollte, Fairplay würde belohnt, gehört er wohl eher in den Vatikan als ins Vorstandszimmer. Um Erfolg zu haben, muss man die Konkurrenz schlagen. Natürlich ist es schön, die eigenen Produkte zu verbessern und neue zu schaffen, doch die besseren und neueren der anderen zu kopieren, geht schneller. Man schlägt die Konkurrenz mit ihren Mitteln, haut sie schlicht um. Und falls dazu Mittel angewendet werden müssen, die nicht ganz koscher sind – wen interessiert's?

* * * * *

Der Zorn-Check

Lassen Sie gern mal die Muskeln spielen? Gilt in Ihrem Markt-segment die Regel »keine Gefangenen«? Beantworten Sie die nachfolgenden Fragen möglichst aufrichtig, dann können Sie sehen, wie viel Zorn Sie in Ihrem Alltagsgeschäft brauchen, um zu überleben.

1. Einer Ihrer größten Konkurrenten bringt ein neues Produkt auf den Markt. Wie reagieren Sie?
   a) Sie rufen in der Forschungsabteilung an und fragen, wie lange Sie verdammt noch mal warten müssen, bis Ihr neues Produkt entwickelt ist .... ☐
   b) Sie schicken Ihre Sekretärin los, damit sie das neue Produkt für Sie kauft .... ☐
   c) Sie lassen von Ihrer Marketingabteilung prüfen, wie die jüngsten Kundenerhebungen aussahen .... ☐

2. Sie entwickeln ein neues Produkt. Achten Sie am meisten darauf,
   a) was die Marktforschung sagt .... ☐
   b) was die jüngsten Wettbewerbsanalysen ergaben ... ☐
   c) welche Neuigkeiten Ihnen die Wirtschaftsdetektei übermittelt, die Sie zwei Wochen zuvor engagiert haben .... ☐

3. Ihr Konkurrent kündigt ein neues Fertigungssystem an. Wie reagieren Sie?
   a) Sie vereinbaren ein Treffen und loten die Möglich-keiten für einen Lizenzvertrag aus .... ☐
   b) Sie weisen die Forschungsabteilung an, ein anderes (nicht unbedingt besseres) System zu entwerfen ... ☐
   c) Sie kaufen sich Aktien Ihres Konkurrenzunter-nehmens .... ☐

4. Sie hören, dass Ihr Hauptkonkurrent ein neues Produkt einführen will. Was tun Sie?

a) Sie bieten seinem Forschungsleiter einen Job in Ihrem Unternehmen an .... ☐

b) Sie planen eine gewaltige Werbekampagne, die zeitgleich mit der Markteinführung geschaltet ist ☐

c) Sie senken die Preise für Ihre eigenen Produkte um 10 Prozent .... ☐

5. Der Markt, für den Sie produzieren, ist von zwei großen Unternehmen umkämpft. Was ist Ihre wichtigste Waffe?

a) Werksspionage .... ☐

b) Innovation .... ☐

c) Sabotage .... ☐

6. Ihr Hauptkonkurrent lanciert ein Me-too-Produkt. Wie reagieren Sie?

a) Sie schalten eine Werbekampagne mit dem Slogan »Nachahmung ist die schönste Form der Schmeichelei« .... ☐

b) Sie feuern ihren Sicherheitschef .... ☐

c) Sie geben das Datum der nächsten Produkteinführung bekannt .... ☐

7. Sie sprechen vor der jährlichen Vertreterversammlung. Was sagen Sie Ihren Verkäufern?

a) Sie müssen mehr verkaufen .... ☐

b) Sie sollten mehr Rückmeldungen über die Kundenbedürfnisse sammeln .... ☐

c) Sie sollen ausziehen und kämpfen, kämpfen, kämpfen .... ☐

8. Die aktuellen Zahlen zeigen, dass Ihr Unternehmen nur noch auf Platz zwei steht. Was tun Sie?

a) Sie geben eine detaillierte Analyse der wesentlichen Schwachpunkte in Auftrag .... ☐

b) Sie feuern Ihren kaufmännischen Leiter .... ☐

c) Sie vergleichen Ihre Produktpalette mit den jüngsten Kundenerhebungen .... ■

9. Ihr Hauptabnehmer beklagt sich, dass Ihre Produkte nicht mehr wettbewerbsfähig seien. Wie reagieren Sie?

a) Sie sehen sich nach neuen Abnehmern um .... ■

b) Sie fragen den Abnehmer nach Verbesserungs- vorschlägen .... ■

c) Sie instruieren Ihre Marketingabteilung, Kunden- reaktionen zu erfassen und auszuwerten .... ■

10. Ihr Hauptkonkurrent will eine Dienstleistung einführen, die Ihrer Meinung nach zum Rohrkrepierer verdammt ist. Was tun Sie?

a) Sie scheffeln weiter Geld .... ■

b) Sie führen einen vergleichbaren Service ein .... ■

c) Sie informieren Ihre Belegschaft genauestens, weshalb Ihr Unternehmen keinen vergleichbaren Service an- bieten wird .... ■

Auswertung

1.:	a) 3 b) 5 c) 1	2.:	a) 2 b) 6 c) 8 Punkte
3.:	a) 2 b) 8 c) 8	4.:	a) 6 b) 3 c) 4 Punkte
5.:	a) 10 b) 1 c) 12	6.:	a) 3 b) 7 c) 2 Punkte
7.:	a) 3 b) 1 c) 9	8.:	a) 5 b) 9 c) 2 Punkte
9.:	a) 4 b) 2 c) 2	10.:	a) 4 b) 6 c) 1 Punkte

0 ▸━━━━━━━━━━━━━━━━━━━━━━━━━━━━━━━▸ 80

Tragen Sie Ihre Gesamtpunktzahl auf der Skala ein. Je weiter rechts Ihr Wert liegt, umso näher sind Sie der Hölle!

»Sie können die Zukunft nicht voraussagen, aber dafür können Wirtschaftsspione Managern sagen, welche Asse ihre Konkurrenz im Ärmel hat. Und diese Informationen sind nützlich, weil sie Unternehmensstrategen beizeiten dazu anhalten, sich verknappende Ressourcen zu sichern, wettbewerbsfähige Preise und Dienstleistungen bereitzuhalten, ihre Strategien den Marktbedingungen anzupassen und teure Fehler zu vermeiden. ›Wenn Amerika in den Krieg zieht, wird es kaum das Budget des CIA kürzen‹, sagt Michael Mace, Leiter der Abteilung für Wettbewerbsforschung bei dem führenden Taschencomputerhersteller Palm Inc.«[16]

Geschäft ist Krieg. Hier geht es ausschließlich um Unternehmen, die andere Unternehmen bekämpfen. Es ist ein permanentes Vordringen auf feindliches Territorium. Und die Kriegsbeute sind enorme Profite.

Die beste Methode, an diese Kriegsbeute zu gelangen, ist, die Konkurrenz anzugreifen. Schließlich sind die anderen ebenfalls hinter der Beute her. Wer die Konkurrenz ausschaltet, hat die besseren Siegeschancen. Machen Sie keine Gefangenen, sondern töten Sie sie!

In der Wirtschaft haben Wettbewerbsanalysen und genaue Kenntnis der Strategien der Konkurrenz immer eine wichtige Rolle gespielt. Das ist verständlich und zeugt von vernünftiger Firmenpolitik. In hochentwickelten Wirtschaftssystemen sind die Wachstumsmöglichkeiten begrenzt, weshalb der einzige Weg, den Marktanteil und damit die Gewinne zu verbessern, der ist, sich ein Stück von dem Kuchen zu schnappen, den die Konkurrenz sich sichern will. Und wer beizeiten vorgewarnt ist, kann sich entsprechend wappnen.

Je weiter sich Märkte entwickeln, umso enger wird der Raum, innerhalb dessen Unternehmen manövrieren. Die Karten sind bereits gemischt und ausgeteilt. Die Kunden sind an bestimmte Produkte gewöhnt. Also geht es in dem Spiel nicht mehr darum, einen Markt zu schaffen, sondern um die Gunst der relativ statischen Gruppe der Konsumenten zu buhlen. Und dieses Buhlen wird mit der Zeit zu einem Verdrängungskrieg. Irgendwann ist der Marktanteil die einzige verbleibende Wachstumschance. Und die wiederum kann nur genutzt werden, indem man auf jenes Territorium vordringt, das der Konkurrenz gehört.

Wer angreift, ist erledigt!

Es gibt viele Methoden, der Konkurrenz zuzusetzen. Beispielsweise stellt ein Unternehmen alles Menschenmögliche an, um herauszufinden, wann die Konkurrenz ein neues Produkt auf den Markt bringt, um zeitgleich eine große Werbekampagne für die eigenen Produkte zu starten, wodurch sich der Einfluss des Konkurrenten auf den Markt deutlich eindämmen lässt. Solches Vorgehen scheint verständlich und ist überaus effektiv, weil man sich dadurch seinen Marktanteil sichert und verhindert, dass die Stimme der Konkurrenz zu laut über den Markt schallt. Allerdings könnte man einwenden, dass ein Präventivschlag in Form der Einführung eines eigenen neuen Produktes vor dem des Konkurrenten der bessere Weg gewesen wäre. Doch bedauerlicherweise fehlt es den meisten Unternehmen an der Beweglichkeit und Schnelligkeit, um die internen kreativen Kräfte auf die Entwicklung eines neuen Produktes zu zentrieren.

»Der Zorn ist eine kurze Raserei. Beherrsche ihn!«

Horaz

Wohingegen sie ziemlich schnell eine neue Werbekampagne auf die Beine stellen.

Es wird viel Zeit und Mühe darauf verschwendet, die eigenen Produkte schnellstmöglich den neuen Produktmerkmalen der Konkurrenz anzupassen. Wenngleich einiges für diese Vorgehensweise spricht – falls Ihr Konkurrent glaubt, die Kunden wollen eine Kaffeemaschine mit integriertem Radiowecker, sollten Sie diesen Zug nicht verpassen – so verdammt sie Unternehmen doch dazu, sich ausschließlich damit zu beschäftigen, die anderen einzuholen.

Langfristig führt das dazu, dass man das Vertrauen in die eigenen schöpferischen Fähigkeiten verliert. Andererseits machen es bereits so viele, dass mittlerweile eine gute Imitation besser fürs Geschäft sein dürfte als ein schlechtes Original. Und die Konkurrenz würde ohnehin nachziehen!

Im Extremfall werden Kopieprodukte zu verbilligten Preisen angeboten, um so Marktanteile zu sichern und die Konkurrenz zu verdrängen – diese Methode erfreut sich bei finanziell schlagkräftigen Unternehmen besonderer Beliebtheit. Allerdings wirft sie die Frage auf, inwieweit damit irgendjemandem gedient ist.

Letztendlich läuft eine Aufweichung der Preise darauf hinaus, dass zahlreiche Unternehmen Verluste machen und sich aus dem Markt zurückziehen müssen. Und dann stehen diejenigen, die übrig bleiben, vor echten, wenn nicht gar unlösbaren, Problemen. Sie müssen mit den Preisen überleben können, an die der Markt nunmehr gewöhnt ist. Es ist faktisch unmöglich, eine sinkende Preisspirale in die andere Richtung umzulenken, denn das würden die Kunden niemals akzeptieren. Und was kommt dabei heraus? Kostenreduzierung, Stellenabbau und Restrukturierungen.

Natürlich kann dieselbe Methode, sofern sie richtig und mit der nötigen Voraussicht angewandt wird, auch in einen strategischen Sieg münden. Die japanische Elektronikindustrie in den frühen Siebzigern hat es bewiesen. Doch wie wir im Nachhinein erkennen konnten, verdankte sich dieser Erfolg vor allem dem Umstand, dass in Japan zu günstigen Preisen qualitativ hochwertige Produkte gefertigt und entsprechend billig angeboten werden konnten. Da

> »Ich zürnte meinem Freund:
> Ich sprach meine Wut aus, und sie endete.
> Ich zürnte meinem Feind:
> Ich sprach meine Wut nicht aus, und sie wuchs.«
>
> *William Blake*

es den westlichen Unternehmen nicht möglich war, ebenso kostensparend zu produzieren, wuchs der Unmut in den hiesigen Firmen.

Sie waren außerstande, mit den Produktionsbedingungen in anderen Ländern mitzuhalten, und brüllten lauthals »Foul«.

Ein gutes Beispiel dafür ist die Unternehmensstrategie von Toyota bei der Einführung des Lexus. Die *Business Week*[17] schrieb dazu: »Die Limousinen der Toyota Motor Corporation (TM) waren immer schon für Zuverlässigkeit und geringe Reparaturkosten bekannt – weshalb sie stets einen hohen Wiederverkaufswert hatten. Vor einem Jahrzehnt hätten sich die Toyota-Manager möglicherweise noch an einen Wagen der Klasse Cadillac, wenn nicht gar Jaguar oder Mercedes-Benz, herangewagt. Aber davon ist längst keine Rede mehr. Dieser Tage scheint es weit naheliegender, dass auch das nächste Auto, das vom Band läuft, ein Toyota der Lexus-Klasse sein wird. In den zwölf Jahren seit seiner Einführung hat dieser Wagen sich auf dem heißumkämpften Markt einen Spitzenplatz erobern können. Derzeit hält das Flagschiff, die LS-430-Limousine, den Rekord in den J.D. Power & Associates Statistiken über die Autos mit der geringsten Reparaturanfälligkeit. Dieses Qualitätsmerkmal, gepaart mit einem klugen Marketing und hervorragendem Service in den Niederlassungen, zieht neue Käufer an. Wie schaffte Toyota es, sich mit der Lexus-Serie weltweit einen guten Ruf zu erwerben? »Als wir mit dem Bau des Lexus begannen, haben wir die Fehlertoleranz bei der Produktion halbiert und praktisch noch einmal neu überlegt, wie ein gutes Auto gebaut werden sollte«, erklärt Kousuke Shiramizu, der Leiter der Abteilung für internationalen Export der Luxusklassewagen bei Toyota.

Wie wir sehen, kann der Preisangriff auf die Konkurrenz nur gelingen, wenn ein Unternehmen Zeit und Anstrengungen aufbringt, um sich seiner Kompetenzen bewusst zu werden und diese optimal zu nutzen. Immerhin gilt es, Erwartungen gerecht zu werden, die man selbst auf den Markt gebracht hat.

Annahmen ersetzen Wissen

Eines der schädlichsten Resultate des Konkurrenzkampfes ist, dass Manager zusehends Wissen durch Annahmen ersetzen. Sobald ein Konkurrent einen bestimmten Schachzug unternimmt, wird angenommen, dass es dafür einen guten Grund geben müsste. Infolgedessen werden allzu oft Kopieprodukte lanciert, was im besten Fall überstürzt, im schlechtesten aber selbstzerstörerisch vonstatten geht. Ein schillerndes Beispiel dafür ist die Hektik, mit der Unternehmen ins Web drängten. Zahllose Manager sind in den E-Commerce-Markt eingestiegen, ohne sich die nötige Zeit zu nehmen, um ihre Ziele und Erwartungen zu formulieren. Die bloße Annahme, das Internet könnte gewinnbringend sein, trat an die Stelle jener Sachkenntnis, die Grundlage erfolgreicher Geschäftsstrategien ist.

Ein weiteres Beispiel ist die Annahme, dass Mobiltelefone mit Internetzugang gewünscht werden, weshalb alle es ungeheuer eilig hatten, diese Dinger auf den Markt zu bringen. Erste Umfragen hatten ergeben, dass ein geringfügiges Interesse an Internethandys bestünde, weshalb »angenommen« wurde – und diesmal von einer ganzen Branche – dieses Interesse würde rasant ansteigen, wenn die Telefone erst zu kaufen wären. Im blindwütigen Eifer, der Konkurrenz zuvorzukommen, pumpten viele Unternehmen Unsummen in die Entwicklung eines Gerätes, das bislang auf wenig Gegenliebe bei den Konsumenten zu stoßen scheint. Tatsächlich haben die jüngsten Umfragen gezeigt, dass sie sich eher noch weniger dafür interessieren als zu Anfang. Man kann das Vieh zwar zum Wasser führen, aber ...

> »Oft gleicht der Mensch durch Wut aus, was ihm an Vernunft mangelt.«
>
> *William Rounseville Alger*

Ich sehe was, was du nicht siehst ...

Vergleichende Marktstudien waren von jeher gängige Geschäfts-praxis. Und natürlich ist es wichtig zu wissen, warum Konsumenten eine bestimmte Marke kaufen und eine andere nicht. Dennoch hat das verhältnismäßig wenig mit dem zu tun, was wir derzeit in der Unternehmenslandschaft beobachten können, in der jeder jeden Trend mitmacht. Und das geschieht nicht etwa, weil Manager davon überzeugt sind, dass sie auf bestimmten Gebieten Erfolge erzielen könnten, sondern weil sie annehmen, sich damit eine goldene Nase verdienen zu können – wer will, kann dies als eine Hype bezeichnen.

Doch es gibt nun einmal nicht genug goldene Nasen zu verdienen.

Daher weicht die traditionelle Marktforschung heute der sogenannten »Competitive Intelligence«[*].

Mit anderen Worten: Die Unternehmen steigen ins Spionagegeschäft ein.

Dazu schreibt die *Business Week*: »In Zeiten der Rezession kann sich ›Competitive Intelligence‹ auszahlen. Die Zahl der legalen Spione ist dramatisch angestiegen – in den letzten zehn Jahren um mehr als 220 Prozent – so dass heute über 5.000 Unternehmensspione mit Beobachtung und Überwachung beschäftigt sind. Neun von zehn großen Firmen haben Angestellte, die ausschließlich mit dieser Aufgabe betraut sind, sagte uns Leonard M. Fuld, Gründer und Präsident von Fuld & Co., eines Informationsdienstes in Cambridge (Mass.). Die meisten dieser Informanten sind in Abteilungen wie Marketing, Unternehmensstrategie oder Informationsdienst untergebracht und unterstehen praktisch jedem vom mittleren Management bis hin zum CEO. Darüber hinaus sind diese Nachrichtensammler deutlich besser ausgebildet als ehedem – viele verfügen über einen MBA-Abschluss, spezielle Ausbildungen oder

---

[*] sinngemäß »Wettbewerbsüberwachung«, *Anm. d. Übers.*

haben sogar Betriebsspionage an eigens dafür eingerichteten Fachhochschulseminaren studiert (z.B. die Brigham Young University und die University of Pittsburgh). Zudem werden die Arbeitsmittel, einschließlich besonderer Suchmaschinen, immer ausgefeilter. Viele große US-Unternehmen geben jährlich über 1 Million Dollar aus, um ihre Konkurrenten auszuspionieren, und nutzen die Informationen, die sie erhalten, für ihre Verkaufsstrategien.«[18]

Zweifellos kann das Sammeln von Informationen uber die Konkurrenz einem Unternehmen helfen, den eigenen Ruin abzuwenden. Und ganz sicher geschah genau das bei Texas Instruments.

»Als die Verantwortlichen bei Texas Instruments Inc. vor zwei Jahren den Verdacht schöpften, ein Rivale könnte Telogy Networks Inc. aufkaufen, schrillten sämtliche Alarmglocken innerhalb des Unternehmens. Zur fraglichen Zeit lieferte Telogy die Software für die TI-Internettelefon-Hardware, weshalb der Kauf durch ein Konkurrenzunternehmen fatale Folgen gehabt hätte. Also übernahm ein halbes Dutzend der Vorstandsmitglieder die Rolle des Unternehmensspions, kontaktierte die Vorstände von Telogy und schickte Finanzfachleute los, um das Unternehmen unter die Lupe zu nehmen. Die ›Competitive Intelligence‹, mit der sie von ihrem Ausflug zurückkehrten, überzeugte den Vorstand von Texas Instruments, Telogy schnellstmöglich aufzukaufen. Dadurch sicherten sie sich ein Geschäft, das mittlerweile mit 100 Millionen Dollar veranschlagt wird und ein enormes Wachstumspotenzial bietet – in einer Zeit, in der Lichtblicke am Technologiehorizont äußerst selten sind. ›Es ist doch so: Wer im Geschäft schläft, sündigt sehr wohl‹, sagt Jeffrey S. McCreary, Vizepräsident der Abteilung für Export und internationales Marketing. ›Competitive Intelligence ist der beste Wecker, wenn man nichts verschlafen will.‹«[19]

Der Spion, den's eiskalt erwischte

Einige Unternehmen treiben es allerdings entschieden zu weit, was Competitive Intelligence angeht. Wenngleich jedermann Verständnis dafür aufbringt, dass Unternehmen wissen möchten, was ihnen in nächster Zukunft vonseiten der Konkurrenz blüht, so versagt dieses Verständnis gänzlich, wenn derartige Bemühungen in die Grauzone abgleiten und nur noch dem Zweck dienen, der Konkurrenz Schaden zuzufügen. Die Oracle Corporation betrat diese Grauzone, als sie Detektive losschickten, die Hausmeister bestachen, damit sie die Papierkörbe von Microsoft nach Informationen durchsuchten, mit denen Microsoft vor Gericht unter Druck gesetzt werden könnte.

Und weit verachtenswerter noch war das Vorgehen des Unternehmensgiganten Procter & Gamble. Sie heuerten Spione an, die die Entwicklung von Haarpflegeprodukten beim Konkurrenten Unilever überwachen sollten, und zu diesem Behufe Mittel einsetzten, die man sonst nur aus Actionfilmen kennt. Zwangsläufig entstand daraus ein herber Konflikt zwischen den beiden Konkurrenten, den Procter & Gamble derzeit zu schlichten versucht.

»Wer irrt, es aber nicht eingestehen will, wird häufig wütend.«

Haliburton

»Procter & Gamble wird erneut versuchen, mit Unilever bezüglich der Spionagevorfälle vom Dienstag zu einer Einigung zu kommen. Doch was immer die beiden Unternehmen aushandeln, kann allzu leicht dem Verdacht wettbewerbsfeindlichen Verhaltens anheimfallen. P&G gestand Unilever im April, bei den Nachforschungen über die Haarpflegeproduktelinie des englisch-holländischen Konzerns gewisse Regeln gebrochen zu haben. Im Anschluss an dieses Geständnis übermittelte P&G, die das Pantene Pro-V Shampoo produzieren, Unilever 80 Dokumente, die im Zusammenhang mit den Nachforschungen stehen. Zu den Methoden, derer

P&G sich bediente, zählte unter anderem das Durchwühlen von Papierkörben und Mülleimern. In der letzten Woche wurde bekannt, dass Unilever den Vorstandsvorsitzenden von P&G, A.G. Lafley, aufgefordert hat, die Markteinführung für bestimmte Produkte zu verschieben und die Pläne für neue Haarpflegeprodukte einer unabhängigen Kommission vorzulegen, damit sichergestellt werden kann, dass keine vertraulichen Informationen benutzt wurden. Sollte es in diesem Punkt zu keiner Einigung kommen, wird Unilever wahrscheinlich Klage erheben. Zu den unrechtmäßig erworbenen Informationen von P&G gehören angeblich auch Details über geplante neue Produkte von Unilever, einschließlich Preisvorgaben und Werbebudget.«[20]

Dieser Fall von Betriebsspionage ist besonders deshalb erstaunlich, weil Procter & Gamble auf eine lange Tradition in puncto Forschung und Entwicklung zurückblickt. Die Labors des Unternehmens sind hervorragend ausgestattet und dank ihnen konnte eine ganze Palette von qualitativ hochwertigen und ausgesprochen erfolgreichen Produkten in den Markt eingeführt werden. Dass ausgerechnet dieser Konzern es für nötig erachtet, seinen Konkurrenten aufs Hinterhältigste auszuspionieren, entbehrt jedweder Logik. Andererseits lässt sich nicht leugnen, dass P&G während der letzten paar Jahre eine Dürreperiode durchgemacht hat. Wie der *Economist* schreibt: »Zahlreiche große und etablierte ›Denkfabriken‹, unter ihnen 3M, Procter & Gamble und Rubbermaid, erleben in jüngster Zeit eine Trockenperiode. Gillette hat zehn Jahre und 1 Milliarde Dollar darauf verwandt, seinen neuen Mach-3-Rasierer zu entwickeln, während eine britische Supermarktkette gerade mal ein gutes Jahr brauchte, um ein brauchbares Me-too-Produkt auf den Markt zu bringen.«[21]

Wahrscheinlich fragen sich mittlerweile selbst diese ganz Großen, inwieweit die enormen Investitionen in die Neu-Entwicklung von Produkten zu rechtfertigen sind, wenn Unternehmen mit einem Bruchteil ihres Know-hows diese Produkte mühelos kopieren. Lieber eine gute Kopie als ein schlechtes Original ...

Stärken oder Schwächen?

Folglich stellt sich die Frage, welche Strategie richtig und sinnvoll ist: Soll man weiterhin die Schwächen der Konkurrenz nutzen, oder sich auf die eigenen Stärken konzentrieren?

Im gegenwärtigen Wettbewerbsklima ist es wichtig, die eigenen Kompetenzen genau zu kennen. Das Überleben hängt davon ab, durch welche Fertigkeiten man sich von der Konkurrenz unterscheidet. Zugleich bringt gerade dieser Aspekt selbst für die erfolgreichsten Unternehmen seine Schwierigkeiten mit sich.

In einem Artikel des *Management Team*[22] stand: »Es ist erstaunlich, wie viel Mühe es führende Unternehmen kostet, die eigenen Stärken zu definieren. Lieber scheinen sie sich auf Gebiete vorzuwagen, die mit ihrem eigentlichen Kerngeschäft herzlich wenig zu tun haben. Dabei wäre eine Ausweitung dieses Kerngeschäftes die weit logischere Taktik, zumal sich so Kosten reduzieren lassen. Man nennt das ›An sich selbst glauben‹, und gerade das ist es, wodurch sich die wahrhaft Erfolgreichen von den Mittelmäßigen abheben.«

Dieser Glaube an sich selbst geht vielen Unternehmen schmerzlich ab. Und vielen Managern ebenfalls.

Die Atmosphäre in den meisten Vorstandszimmern gleicht der in einem Schnellkochtopf: Der Schwerpunkt liegt auf schnellen, kurzfristigen Ergebnissen. Alles deutet darauf hin, dass kurzfristige Gewinne wünschenswerter sind als langfristige Stabilität. Offenbar haben sie alle die Worte von Sun Tzu in »*The Art of War*« vergessen: »Wenn du lang genug am Ufer sitzt, wirst du die Körper deiner Feinde vorbeitreiben sehen.« Wer würde sich heute in einem Vorstandszimmer trauen, seinen Leuten – ganz zu schweigen von den stets fordernden Aktionären – zu sagen, sie sollten ruhig sitzen bleiben und abwarten? Wer würde wagen, zu erklären, man hätte beschlossen, auf kurzfristige Gewinne zugunsten langfristiger Ertragssicherung zu verzichten?

Es macht nun einmal weit mehr Eindruck, in die Schlacht zu ziehen, als eine Festung zu bauen.

Auszeit

Im alten China wurden Kriege ausschließlich im Sommer geführt. Im Frühjahr war Pflanzzeit, weshalb man seine Zukunft ernstlich gefährdete, wenn man sich zu dieser Zeit den Schlachten widmete, anstatt die nächste Ernte zu sichern. Aus ebendiesem Grund wurde auch im Herbst nicht gekämpft, weil man damit wertvolle Arbeitskräfte von der Erntearbeit abgezogen hätte.

Der Krieg der Unternehmen hingegen kennt keine Unterbrechungen. In der Geschäftswelt gibt es keine Jahreszeiten. Alle Kräfte sind durchgehend im Fronteinsatz. Entsprechend fehlen die Zeiten zum Säen und zum Ernten.

Mit anderen Worten: Wir nehmen uns nicht mehr die Zeit, in unsere Zukunft zu investieren.

Eine klare Einschätzung der Kompetenzen, die den Kern eines Unternehmens ausmachen, dauert länger als ein 31-Minuten-Meeting. Und sie kann auch nicht von einer kleinen Gruppe vorgenommen werden – ganz gleich wie talentiert deren Mitglieder sein mögen. Die sinnvolle Evaluationen der Möglichkeiten, Stärken und Schwächen eines Unternehmens ist ein zeitintensives Unterfangen, das auf sämtlichen Ebenen stattfinden muss. Nur so lassen sich die wirklichen Stärken zutage fördern. Die wenigsten Firmen widmen sich dieser Aufgabe, denn sie erkennen deren Notwendigkeit gar nicht. Und darum lassen sie es einfach geschehen, dass Ihr Unternehmen zu einem ruderlosen Boot wird, welches von den unvorhersehbaren Strömungen mal hierhin, mal dorthin getrieben wird.

Intel outside?

Das Unternehmen Intel hatte sich über die Jahre daran gewöhnt, dass sich die Dinge nach seinen Wünschen entwickelten. Laut *Business Week*[23] ist es, »ein Unternehmen, das sich darauf eingestellt hat, am Markt konkurrenzlos zu sein.« Diese Erkenntnis hat allerdings nicht bewirkt, dass sich das Unternehmen seiner eigentlichen Kompetenzen bewusster wäre als andere. Ebenso wenig hat man sich klargemacht, wie fatal – selbst für Intel! – ein Vorpreschen auf Märkte sein kann, die dem Kerngeschäft gänzlich fremd sind.

Business Week: »Während der vergangenen drei Jahre kämpfte Intel mit Lieferverzögerungen und Engpässen im Chip-Geschäft, dem Kernbereich des Unternehmens. Hinzu kamen peinliche Produktionsfehler, Rückrufaktionen und hoffnungslos überteuerte Prozessoren, die den Konkurrenten Tür und Tor öffneten. Heute muss Intel sich für das verlustreichste Ergebnis wappnen, seit sie 1985 das Speicherchip-Geschäft aufgegeben haben. Zugegeben, die gesamte Halbleiterindustrie befindet sich in der schlimmsten Krise der letzten zehn Jahre; Überkapazitäten und rückläufige Nachfrage ließen, laut IC Insights, den weltweiten Verkauf in diesem Jahr um 34 Prozent zurückgehen. Aber Intel wird daran mehr zu knacken haben als andere, weil sie es nicht geschafft haben, sich aus der Abhängigkeit von dem schleppenden PC-Geschäft zu befreien.

Was ging schief?

Kritiker des Unternehmens behaupten, Barrett habe Intel unbedingt in neue Märkte drängen wollen, wobei das eigentliche Kerngeschäft Schaden genommen hat. Vor drei Jahren verkündete er, er wolle das Geschäft auf die Bereiche Kommunikation, Informationstechnologie und Internet-Service ausweiten. Dabei schwebte ihm nicht nur die Produktion von Chips für Netzwerkkommunikation, Handys und Taschencomputer vor, sondern auch eine eigene Hardware-Linie – Netzwerkserver, Browser und Übertragungsgeräte, mit denen Daten zwischen Netzwerken hin und her transportiert werden können. Gleichzeitig versuchte Barrett, das Servicegeschäft auszubauen; Intel sollte E-Commerce-Abwicklungen für Dritte übernehmen oder spezielle Unternehmenssoftware entwerfen, die online zur Verfügung gestellt würde. Seine Visionen blieben weitestgehend im visionären Stadium stecken, da Barretts bisherige Exkursionen in unbekannte Gebiete schon verheerend genug waren. Bis dato haben gut 4 Milliarden von insgesamt 10 Milliarden Dollar Investitionen so gut wie nichts eingebracht. In diesem Jahr hat Intel seine Aktivitäten auf dem Sektor Netzwerkserver und Übertragungssysteme eingestellt, nachdem ihm seine größten Chipabnehmer, u.a. Dell Computer Corp. und Cisco Systems Inc., auf die Finger geklopft haben, weil Barrett ihnen Konkurrenz machte. Im Februar stellte Barrett einen Service ein, der Aktionärsversammlungen und Fortbildungsseminare im Web übertrug. Er machte iCat dicht, einen E-Commerce- und Veranstaltungsservice für kleine und mittelständische Unternehmen. Und er zog sich so weit aus dem Anwendungsbereich zurück, dass Intel heute nur noch in Spanien Web-Surf-Anwendungen vermarktet. ›Zugegeben, Craigs Vision sah vor anderthalb bis zwei Jahren deutlich interessanter aus, als sie sich jetzt darstellt‹, seufzt David B. Yoffie, Professor an der Harvard Business School.«

»»Zorn ist nie ohne Grund, aber selten mit einem guten.«

Lord Halifax

Blicken wir den Tatsachen ins Auge: Wenn Intel seine Kompetenzen nicht klar definieren kann, wer kann es dann überhaupt?

Wenn Sie also Ihre eigenen Stärken nicht genau benennen können, brauchen Sie etwas anderes, woran Sie sich orientieren können. Und die Alternative, die sich bietet, lautet: Entdecken Sie die Schwächen Ihrer Konkurrenz. Eine pragmatische Methode, mit der Sie die nächste Schlacht überstehen können, aber niemals einen Krieg gewinnen werden.

Immer noch dem Marktführer auf der Spur?

Sich auf die Konkurrenten und den Wettbewerb zu konzentrieren, zwingt viele Unternehmen, den eigentlichen Markt zu vergessen. Sie sind so sehr damit befasst, den neuesten Technologien, den neuesten Produktmerkmalen, dem aktuellsten Trend hinterher zu eilen, dass sie gar nicht mehr dazu kommen, den Blick nach innen zu wenden. Daher wissen sie meist nicht, ob ihre Kompetenzen sie nicht in die Lage versetzen könnten, etwas Neues auf den Markt zu bringen, anstatt immer weiter den anderen hinterher zu hecheln.

In der Luftfahrtindustrie der Mittsiebziger hatte die Einführung von Sondertarifen, speziellen Buchungsbedingungen, Aufenthaltsvorgaben und Werbeangeboten dazu geführt, dass ein und derselbe Sitzplatz zu diversen unterschiedlichen Preisen zu haben war. Oft saßen Passagiere, die die Sonderbedingungen nicht nutzen konnten – hauptsächlich Geschäftsreisende, die weder über ein Wochenende buchen konnten, noch riskieren mochten, ihren Rückflug nicht umbuchen zu können – neben jemandem, dessen Ticket nur ein Viertel von dem gekostet hatte, was sie bezahlen mussten. KLM Royal Dutch Airlines waren die Ersten, die das enorme Potenzial der Geschäftsreisenden erkannten. Also führten sie eine gesonderte Sitzklasse ein, die sie »Triple F« nannten – Full Fare Facilities*. Damit legten sie den Grundstein zur Business Class. Natürlich dauerte es nicht lange, bis die anderen Fluglinien nachzogen, indem sie Me-too-Business-Classes einrichteten, und KLM verlor seine Exklusivposition schon bald wieder. Dennoch war die Idee des Triple F so innovativ, dass daraus ein neues Marktsegment entstand, und auf diesem zählt KLM nach wie vor zu den führenden Linien.

Den Wölfen zum Fraß vorgeworfen

Man sagt, der Wettbewerb sorge dafür, dass Unternehmen beweglich bleiben und sich stärker am Kunden orientieren. Zweifellos sind derlei Kriterien sinnig und wichtig, wenn Unternehmensstrategien neu überdacht werden. Allerdings müssen Firmen häufig mit Wettbewerbsbedingungen umgehen lernen, die sie nie zuvor gekannt haben.

---

* sinngemäß »Vollzahlerkomfort«, *Anm. d. Übers.*

»Jedermann kann wütend werden – das ist leicht.
Aber mit dem Richtigen wütend zu sein, im richtigen Ausmaß,
im richtigen Augenblick, zum richtigen Zweck und auf die richtige Weise
das liegt nicht in jedermanns Gewalt und ist nicht leicht.«

Aristoteles

In dieser Situation fanden sich zahlreiche staatseigene Unternehmen, die häufig Monopolstellungen innehielten, als man beschloss, sie zu privatisieren. Die Idee, die dahinter steckte, war, sie wettbewerbstauglicher und profitabler zu gestalten, was zumeist eine Entschlackung der Arbeitsabläufe mitbeinhaltete.

Außerdem sollten sie kundenfreundlicher werden.

Leider scheiterten viele dieser Unternehmungen kläglichst. Wir sehen heute Telekommunikationskonzerne, die aus ehemaligen Staatsmonopolen hervorgegangen sind und sich vollkommen außerstande zeigen, mit den Neulingen in der Branche zu konkurrieren. Obwohl Letztere so gut wie keine Erfahrung mitbringen, scheinen sie die Marktlage deutlich besser einzuschätzen zu können.

Die meisten Monopole haben ihre Position allein dadurch gestärkt, dass sie den Verbrauchern das gaben, was sie anzubieten hatten, ohne sich großartig darum zu scheren, was diese Verbrauchern brauchten. Sie sind groß und behäbig geworden, indem sie Dienstleistungen verkauften, die einheitlich für alle gefasst waren. Ihre Vormachtstellung verdankten sie einzig ihrer »Take it or leave it«-Position am Markt. Als sie nun erstmals Konkurrenz bekamen, wussten sie schlicht nicht, wie sie sich verhalten sollten. Immerhin hatten sie das noch nie erlebt. Und infolgedessen strampeln sie sich ab, um herauszufinden, was in dem Kunden vor sich gehen mag!

Genauso erging es den kürzlich privatisierten Postdiensten in Großbritannien. Über viele Jahrzehnte hatten sie ein Monopol gehabt, weshalb sie überhaupt nicht auf etwas wie Wettbewerb vorbereitet waren. Kunden, die sich ihren Postservice auswählen können, werden kaum für eine Zustellung am Folgetag bezahlen – im

Voraus, versteht sich – wenn sie hinterher feststellen müssen, dass ihre Sendung eine Woche oder länger unterwegs war.

Unlängst verkündete das Management, dass das Unternehmen tief in den roten Zahlen steckte. Die geschätzten Verluste beliefen sich auf 2 Millionen Dollar pro Tag. Der Wettbewerb hatte verheerende Folgen gehabt, was nicht allein an den Konkurrenzunternehmen lag, sondern auch an der Zunahme der E-Mail- und SMS-Korrespondenz.

Und was tut das Management? Sie kündigen die Entlassung von 20.000 Angestellten an!

Da fragen wir uns natürlich, inwiefern diese Maßnahme die Position am Markt verbessern kann. Durch Entlassungen werden womöglich Kosten gesenkt, doch wir sind der Überzeugung, dass sich dadurch keinerlei Verbesserung in der Wettbewerbsposition erreichen lässt. Niemand kann ernsthaft annehmen, eine drastische Personalreduzierung könnte ein Unternehmen konkurrenzfähiger machen.

Andererseits empfinden wir aufrichtiges Mitgefühl für das Management: Schließlich waren sie noch nie damit konfrontiert worden, sich gegen Konkurrenten behaupten zu müssen, und haben sich bislang niemals auf ihre Kunden einstellen müssen, was für den Wettbewerb unabdingbar ist.

Den Markt beherrschen

Die Frage, die sich Unternehmen stellen sollten, ist, ob wirkliche Profite dadurch zu erzielen sind, dass man dieselben Wege einschlägt wie alle anderen – oder ob es nicht weit lohnender sein könnte, ein vollkommen neues Marktsegment zu schaffen.

In Zeiten rauen Wettbewerbs, wie wir sie heute erleben, kommen die wenigsten Unternehmen in eine Position, in der sie den Markt beherrschen. In den allerwenigsten Fällen werden Marken zu Synonymen für Produkte. Es gibt nun einmal nicht viele Coca

Colas, Hoovers oder Xeroxes. Natürlich gibt es Marktführer – bei Mietwagen ist es Hertz; bei Hamburgern ist es McDonald's; bei Ketchup ist es Heinz; bei Sofortbildern ist es Polaroid.

Doch die meisten Unternehmen sind gezwungen, ihre Position auf einem Markt zu verteidigen, auf dem neben ihnen noch zahlreiche andere mitspielen. Und in dieser Situation reicht es nicht hin, einfach mehr von ein und derselben Sache anzubieten. Vielmehr steht und fällt der Erfolg damit, mehr von etwas Anderem bieten zu können.

Die große bunte Welt der Pizzen liefert hierfür ein hervorragendes Beispiel. Pizza Hut hat diesen Markt lange Zeit »beherrscht«. Neue Unternehmen, die ein Stück von der Pizza-Hut-Pizza abbekommen wollten, mussten sich auf bestimmte Teile des Geschäftes konzentrieren. Heute hält Little Caesars den zweiten Platz in dieser Kategorie, den sie sich dadurch sicherten, dass sie sich auf das Mitnehmgeschäft spezialisierten. Nummer drei ist Domino's Pizza, die sich auf dem Lieferservicesektor einen Namen machen konnten. Somit haben sich Little Caesars und Domino Pizza ihren Teil vom Kuchen ergattert, indem sie sich gezielt auf ganz bestimmte kleine Bereiche des Geschäftes verlegten und dort ihr Bestes gaben.

Ein weiteres Beispiel dafür, wie sich durch die Spezialisierung auf bestimmte Teilgebiete Märkte gewinnen lassen, findet sich auf dem Dienstleistungssektor. Als Federal Express erstmals begann, den Zustelldienst über Knotenpunkte zu organisieren, rechneten ihnen die Marktbeobachter wenig Chancen aus. Doch dann konzentrierte sich Federal Express auf einen wesentlichen Aspekt dieser Branche: den Über-Nacht-Service. Den Rest kennen wir alle.

Jedes dieser Beispiele zeigt, dass Erfolg sich bewerkstelligen lässt, indem man sich einen Teilbereich aus dem Geschäft herausgreift, der bislang vom Wettbewerb nicht hinreichend beachtet wurde. Dafür muss man den Markt gut kennen – und zwar nicht nur die Konkurrenten, sondern vor allem die Kunden und ihre *Bedürfnisse*.

Den Markt kennen

Während Procter & Gamble sich auf Unilever konzentrierte, konzentrierte sich Unilever auf den Markt. Sie fanden heraus, dass es kein spezielles Shampoo für dunkelhäutige Brasilianerinnen gab, deren Haar vollkommen anders ist als das hellhäutiger Frauen. Andererseits erwiesen sich Haarpflegeprodukte für Afrohaar als ungeeignet, weil sie sich nicht mit dem brasilianischen Klima vertrugen. Die Forscher der Gessy-Lever-Kosmetikabteilung verwandten über zwei Jahre darauf, die SedaKeraforce-Shampoomarke für Brasilianerinnen mit dunklem Teint zu entwickeln. »Alle vier Produkte enthalten Extrakte der Keroba-Pflanze aus dem Amazonasurwald. Der Jahresumsatz an Afro-Haarpflegeprodukten in Brasilien beträgt jährlich 160 Millionen Dollar.«[24]

Whirlpool, einer der führenden Hersteller von Haushaltsgeräten, hat sich ebenfalls auf die besonderen Bedürfnisse seiner (potenziellen) Kunden eingestellt, als sie eine neue Waschmaschine für den indischen Markt entwickelten. Die Forschungsabteilung fand heraus, dass Inder Sauberkeit und Hygiene ganz groß schrieben, wobei Sauberkeit gleichgesetzt wurde mit einem blendenden Weiß. Zugleich ließen sich weiße Sachen in Indien nicht wieder richtig weißwaschen. Das lag vor allem am Wasser, hatte aber zur Folge, dass der Verkauf von elektrischen Waschmaschinen stagnierte. Also entwarf Whirlpool eine Waschmaschine, die sich besonders für das Waschen weißer Kleidung eignete. »Aber das war nicht alles, was Whirlpool unternahm. Sie boten Einzelhändlern zahlreiche Anreize, damit sie ihre Produkte ins Sortiment aufnahmen. Und um auch noch den verborgensten Winkel dieses riesigen Landes zu erreichen, wurden Verträge mit regionalen Lieferanten geschlossen, so dass der Vertrieb in allen 18 Sprachen vonstatten gehen konnte – und das per Lastwagen, Fahrrad oder Ochsenkarren. Seit 1996 konnte Whirlpool seine Verkaufszahlen in Indien um 18 Prozent steigern, und in diesem Jahr wird der Umsatz voraussichtlich 200 Millionen Dollar betragen. Whirlpool ist heute die führende Marke auf dem rasant wachsenden Waschmaschinenmarkt in Indien.«[25]

Und nun zu einem weiteren Beispiel, wie den Verbrauchern gegeben wurde, was sie wollten: eine Gratiszeitung.»*Metro, die Gratiszeitung* wurde unter jungen Städtern und Pendlern zu einen echten Erfolg – das ist eben jene Lesergruppe, die die anderen Printmedien infolge von Internet und Fernsehen verloren hatten. Metro International gibt es heute in 30 verschiedenen Stadtausgaben, wovon allein 12 in den Niederlanden erscheinen. Außerdem ist sie in 14 weiteren europäischen Ländern und in Nord- und Südamerika erhältlich. Mit einer Tageszirkulation von über 3 Millionen Exemplaren und einer geschätzten Reichweite von 6,6 Millionen Lesern, hält *Metro* laut der Stockholmer Investmentgruppe Carnegie den fünften Platz unter den meistgelesenen Zeitungen. ›Anfangs machten die Agenturen *Metro* ziemlich zu schaffen‹, heißt es aus Redaktionskreisen. ›Sie meinten, ein Blatt, das nicht bezahlt wird, stößt auf wenig Interesse bei der Leserschaft, weshalb sich niemand bewusst für diese Zeitung entscheiden würde. Aber diese Befürchtung hat sich ganz und gar nicht bewahrheitet.‹ Zudem hat sich das Konzept bewährt, die Gratiszeitung mittels eigener Aufsteller an U-Bahnstationen und anderen Verkehrknoten für Pendler zu vertreiben, wie in Einzelhandelsverkaufsstellen und Fast-Food-Restaurants. Dadurch konnten viele Anzeigenkunden gewonnen werden.«[26]

> »Zorn und Intoleranz sind die feindlichen Zwillinge wahren Verständnisses.«
>
> *Mahatma Gandhi*

Wenn es hart auf hart kommt

Niemand hat behauptet, dass es in unserer schnelllebigen Zeit einfach wäre, wettbewerbsfähig zu sein und zu bleiben. Häufig müssen sich Unternehmen darauf einstellen, ihre Marktführerposition nicht über Jahre, sondern bestenfalls über Wochen halten zu können. Und dennoch lassen sich die traditionellen Erfolgsfaktoren nach wie vor ausmachen – als Erster etwas auf den Markt bringen; eine marktführende Position anstreben; etwas bewegen, anstatt anderen nachzueifern; Neues erfinden, statt Erfundenes zu kopieren.

Die drei Beispiele, die wir oben aufführten, handeln von Unternehmen, die sich auf den Markt konzentrieren und nicht auf die Konkurrenz. Sie alle sind bemüht, die Bedürfnisse des Marktes zu erkennen und Strategien zu entwickeln, wie sie diese bedienen können.

Doch wer heute einen Wettbewerbsvorteil gewinnen will, darf weder träge, noch selbstzufrieden noch gleichgültig sein. Und trotzdem stellen wir sowohl bei Unternehmen als auch im Management wieder und wieder einen enttäuschenden Mangel an Initiative fest. Dabei muss man sich günstige Gelegenheiten wie Blitze vorstellen, die nur für einen kurzen Moment aufleuchten. Manager sollten auf dem Quivive sein, sollten dieses momentane Aufleuchten beachten und darauf reagieren, indem sie ihre eigenen Möglichkeiten überprüfen, anstatt alle Kraft in den Kampf gegen die Konkurrenz zu investieren. Reelle Chancen bieten sich eher selten, und vorhersehbar sind sie so gut wie nie. Doch wenn sie sich ergeben, können sie am besten von solchen Managern und Unternehmen ergriffen werden, die nicht durch überbordende Bürokratie gelähmt sind und denen hierarchische Strukturen nicht jede Entscheidungsfindung zum langen Marsch durch die Autoritäten machen.

Auf zu einem Ökosystem für Unternehmen?

Die gegenwärtige Wettbewerbssituation sorgt dafür, dass Unternehmen stärker ineinander greifen als jemals zuvor. Mehr und mehr kommt man zu der Überzeugung, niemand könne eine Firma gründen, die in einem hermetisch abgeriegelten Bereich vor sich hinarbeitet und nichts mit all dem zu tun haben muss, was draußen geschieht. Deshalb werden unter Experten einige Stimmen laut, die eine Art Ökosystem für Unternehmen fordern, welches die Beziehungen zwischen Unternehmen transparenter und mithin verständlicher macht.

Zu diesen Fachleuten zählen R. Lewin & B. Regine[27] und J. F. Moore[28]. Zum Thema »Ökosysteme« schreiben sie:

»Ein Ökosystem für Unternehmen muss man sich als ein Netzwerk von Unternehmen vorstellen, innerhalb dessen jedes Einzelunternehmen einen Platz entsprechend seinen Möglichkeiten zugeteilt bekommt; diesen Platz teilt es jeweils mit Konkurrenten, Kooperationspartnern und Komplementären. Sobald sich an diesem Platz für einen der Beteiligten etwas verändert – etwa durch bahnbrechende Neuerungen – ändert sich die Situation aller anderen ebenfalls: einige von ihnen werden größer, andere kleiner, und manche verschwinden möglicherweise.

Ziel des traditionellen Unternehmens ist es, einen oder mehrere Geschäftsbereiche so zu beherrschen, dass Umsätze und Gewinne kontinuierlich steigen, um das Überleben zu sichern. Dabei konzentriert sich das Management auf zwei Dinge: ihre Hauptmärkte und ihre Hauptaktivitäten. Laut Moore[29] ergibt sich hieraus das Problem, dass die meisten Manager nicht mehr wahrnehmen, was sich außerhalb ihres eigentlichen Unternehmensbereiches tut. Das bedeutet, zwischen den bestehenden Märkten und den Unternehmen entsteht ein ›blinder Fleck‹, der meist wenig Beachtung erfährt. Dabei bieten sich in einer globalen Wirtschaft mit reichlich freiem Kapital, interessanten Kooperationsmöglichkeiten und technologischem Erfindungsreichtum die meisten Gelegenheiten gerade in diesem toten Winkel. Das gilt sowohl für Unternehmen, die das eigene Geschäft ausbauen wollen, als auch für solche, die etwas vollkommen Neues wagen möchten.

Die Vorteile sind unstrittig: durch Kooperation, Allianzen oder andere Formen von Partnerschaften vergrößert man die Reichweiten des eigenen Unternehmens. Doch zugleich muss man sich darüber im Klaren sein, dass, wenn alle miteinander auf die eine oder andere Weise verbunden sind, Veränderungen innerhalb einzelner Teile des Systems alle anderen mit berühren. So kann es bisweilen geschehen, dass Unternehmen an Fehlern zugrunde gehen, die sie selbst gar nicht begangen haben.«

Nicht abschießen – anschließen!

Durch die ausschließliche Fixierung auf den Wettbewerb – wir werden denen zuvorkommen! – reduzieren sich Chancen, günstige Gelegenheiten zu erkennen und wahrzunehmen. Außerdem kann Konkurrenzdenken in totaler Isolation münden, was wiederum den Verlust der Wettbewerbsfähigkeit nach sich zieht. Angriffshaltung ist nicht die einzige Methode, wie man sich wettbewerbsfähig macht. Häufig lassen sich durch sinnvolle Allianzen günstige Marktkonstellation zu beiderseitigem Vorteil nutzen. Daher können Maßnahmen, mit denen man sich einen potenziellen Freund zum Feind macht, weitreichende Konsequenzen haben, die nicht unbedingt zum Wohl des eigenen Unternehmens gereichen.

»Hüte dich vor dem Zorn des Geduldigen.«

John Dryden

Unternehmen müssen lernen, mehr Vertrauen in sich zu setzen. Angstbeißerei hat im Geschäft nichts zu suchen. Man greift andere nicht an, »weil wir das immer so gemacht haben«. Unternehmen müssen sich offen für den Markt halten und ihr eigenes Potenzial jederzeit im Blick behalten, damit sie auf Veränderungen sofort reagieren können. Das bedeutet, dass man alles Notwendige an Ort und Stelle hat, *bevor* der Markt danach verlangt, anstatt argwöhnisch auf die Konkurrenz zu schielen um herauszufinden, was sie brauchen könnten. Denn wer immer nur auf die anderen achtet, kann allzu leicht günstige Gelegenheiten übersehen, was

wiederum zur Folge hat, dass man immer nur dem Markt hinter-
herhinkt – ihn aber niemals anführt.

Wir empfehlen Ihnen keineswegs, die Konkurrenz zu ignorieren. Wir meinen nicht, Sie sollten aufhören, sich um die Pläne
Ihres Konkurrenten zu kümmern, um seine neuesten Produktmerkmale oder Modelle. Wir erzählen Ihnen nicht, dass Sie keine Prä-
ventivmaßnahmen ergreifen sollten, um Ihre Marktposition zu
sichern.

Was wir meinen, ist, dass heute zu viele Unternehmen darauf ausgerichtet sind, die Krumen aufzupicken, die vom Tisch der
Großen herabfallen. Sie stellen sich darauf ein, die anderen die
Arbeit machen zu lassen, revolutionäre Technologien zu entwerfen,
bahnbrechende neue Produkte in den Markt zu bringen, in der
Hoffnung, irgendwie am Gewinn teilhaben zu können, indem sie
die anderen nachahmen.

Der Angriff auf die Konkurrenz ist an die Stelle interner
Kräftemobilisierung getreten. Und wenn das geschieht, wird er zur
Todsünde.

Fallstudien

Sünder: Infineon

Über Jahre schien die Chipindustrie eine Lizenz zum Geld-drucken zu bieten: noch 2000 verzeichnete sie ein Rekordjahr mit einem Wachstum von 89 Prozent. Doch der dramatische Markteinbruch im Jahre 2001 brachte den fatalen Fehler die-ser Branche zu Tage. Die Umsätze sackten um 32 Prozent ein, und führende Hersteller waren gezwungen, ihre Ausgaben dra-stisch zu kürzen, während ihre Fabriken mit halbierter Kapa-zität arbeiteten. Wie sich herausstellte, hatte man branchenweit zu viel Zeit damit verschwendet, die Konkurrenz zu kopieren, anstatt den Kunden zuzuhören und den Markt zu beobachten.

Am 1. April 1999 wurde Siemens Semiconductors zu Infi-neon Technologies – einem jüngeren, dynamischen und flexi-bleren Unternehmen, das ganz auf Erfolg in der heiß umkämpf-ten, wechselhaften Welt der Mikroelektronik ausgerichtet war. Der Börsengang im März 2000 war Deutschlands zweitgrößte Emission; der Aktienwert verdoppelte sich binnen weniger Stun-den nach Handelsbeginn. Die Wertpapiere wurden um das 33-fache überzeichnet! Im Jahr 2001 lag der Ertrag bei 5,67 Milli-arden Euro, womit Infineon sich in die Top Ten der Halbleiter-unternehmen einreihte. Außerdem zählten sie nun weltweit zu den vier größten Herstellern von Speicherchips. Dennoch konnten sie den Markteinbruch nicht abwenden: Innerhalb eines Jahres traf auch sie der dramatische Rückgang in der globalen Chipnachfrage bei Computer- und Telefonherstellern. Besonders verheerend war der Preisverfall der dynamischen Direktzu-griffsspeicherchips, deren Verkaufspreis weit unter den Herstel-lungskosten lag. Um ihre Finanzlage zu stabilisieren, verkünde-te Infineon Kostensparmaßnahmen und Einstellungsstop.

Zusätzlich wurden im Rahmen eines Restrukturierungsplans 5.000 Stellen abgebaut, in der Hoffnung, damit 2001 und 2002 eine Milliarde Euro einsparen zu können.

All die Jahre hatten die Halbleiterfirmen eine Art Bürgerkrieg ausgetragen: Sie blähten ihre Kapazitäten auf (das »Meiner-ist-größer-als-deiner«-Syndrom) und heizten die Entwicklung immer neuer Chips an, wobei sie nur ein einziges Ziel verfolgten: die Konkurrenz schlagen. Und bei all dem hatten sie eines vollkommen vergessen: die Bedürfnisse der Kunden.

Infineon Technologies gab sich als flexibles, dynamisches Unternehmen aus; doch sie erwiesen sich als ebenso engstirnig und wettbewerbsfixiert wie all die anderen Unternehmen in dieser Branche. Und das war schließlich der Grund für ihr Versagen.

Heilige: Dyson

Seien wir ehrlich: Zwischen Staubsauger und Staubsauger gibt es nicht allzu viele Unterschiede. Die Produktmerkmale der großen Marken sind praktisch identisch: hohe Saugleistung, Wegwerfbeutel, lange Kabel, schwenkbare Räder, jede Menge Zubehör, das irgendwo in der Besenkammer verstaubt, und herrlich viele bunte Farben. Produktveränderungen waren und sind größtenteils kosmetischer Natur. Deutliche Verbesserungen gab es eigentlich nur, wenn die Konkurrenz es verlangte.

Dann kam Dyson.

James Dyson hatte bereits 1978 die Idee für seinen revolutionären Staubsauger. Damals renovierte er sein Wochenendhaus und ärgerte sich darüber, dass die Staubsaugerbeutel schon in halbvollem Zustand die Saugkraft erheblich minderten. Fünf Jahre und 5.127 Prototypen später entwickelte er schließlich den beutellosen Staubsauger. Weitere zwei Jahre verbrachte er mit der Suche nach einem Hersteller, der den Sauger in Lizenz für ihn produzieren könne. Nachdem man ihn in Europa überall abgewiesen hatte, beschloss Dyson, sein Glück in Japan zu versuchen. 1986 kam sein Staubsauger auf den japanischen Markt und erreichte eine Art Kultstatus – bei einem Kaufpreis von 2.000 Dollar. 1991 wurde er auf der internationalen Designmesse in Japan mit einem Preis ausgezeichnet, und heute findet man Dyson-Produkte in Museen auf der ganzen Welt, einschließlich des Victoria&Albert-Museums in London, des Museum of Modern Art in San Francisco, des Centre-Pompidou in Paris und des Powerhouse Museums in Sydney.

Mit den Erträgen aus den japanischen Lizenzen startete Dyson die Produktion eines neuen Modells unter eigenem Namen in Großbritannien. 1993 eröffnete er eine Forschungsstätte und eine Fabrik. Dort entwickelte er den DC01, der nach der patentierten »Dual Cyclone«-Technik funktionierte. Die Kosten für die Patentierung dieser neuen Technik lagen so immens hoch, dass das Unternehmen beinahe in den Konkurs gezwungen wurde. Dennoch schafften sie es, bis 1995 den Umsatzanteil für Großbritannien auf über 50 Prozent zu steigern. Hoover, bis dahin unangefochtener Marktführer auf den britischen Inseln, sah seinen Marktanteil von uber 25 Prozent auf unter 10 Prozent schrumpfen.

Dyson blieb seiner innovativen Firmenpolitik treu und brachte eine ganze Reihe von Reinigungsgeräten auf den Markt. Hoover hingegen schien im tradierten Marktsegment festzustecken und konnte offenbar nichts anderes denken als »Staubsauger«. 1999 brachten sie ihren eigenen beutellosen Sauger auf den Markt. Dyson leitete prompt gerichtliche Schritte ein und gewann. Der Richter führte in seinem Plagiatsurteil aus, dass, bevor Dyson seine beutellose Saugertechnologie patentierte, sich die ganze Branche mit Händen und Füßen dagegen gesträubt hätte, weil sie damit den Umsatz an Staubsaugerbeuteln verloren. James Dyson kommentierte den Richterspruch mit den Worten: »Wieso, zum Kuckuck, können die (Hoover) sich nicht selbst etwas ausdenken, statt uns zu kopieren?«[30]

3

Die dritte Todsünde:
Trägheit als Entscheidungsgrundlage

Sich auf die Zukunft konzentrieren, die Gegenwart ignorieren

Sie sind ganz oben angekommen und arbeiten Tag und Nacht daran, die anderen Thronanwärter in Schach zu halten. Sie haben Ihre wirkliche Aufgabe gefunden: Sie müssen Ihre Mitarbeiter dazu bringen, an die Zukunft zu denken, sie anhalten, Strategien zu entwickeln, vorauszuschauen. Und die täglichen Entscheidungen? Na ja – Sie haben Untergebene, die sich darum kümmern können. Da wären Ihre Talente verschwendet. Sie müssen nach vorn blicken, in die Zukunft sehen. Erzählen Sie den Leuten, wie großartig Ihre Zukunft aussehen wird und welch enorme Profite sie erwarten. Sie sind der Visionär. Den Kleinkram können andere erledigen ...

* * * * *

Der Trägheits-Check

Trägheit? Sie? Sie arbeiten Tag und Nacht, und trotzdem wirft man Ihnen vor, faul zu sein. Können Sie dieser Todsünde tatsächlich schuldig sein? Beantworten Sie die nachfolgenden Fragen, und finden Sie heraus, ob Sie es sich wirklich zu leicht machen.

1. Sie werden um ein Interview gebeten, in dem Sie den Kurs Ihres Unternehmens erläutern sollen. Was erzählen Sie?
   a) Sie verkünden selbstbewusst, dass Ihr Unternehmen in fünf Jahren marktführend sein wird ....
   b) Sie weisen darauf hin, dass angesichts der Unberechenbarkeit des Marktes Langzeitprojekte überhaupt nichts mehr zählen ....
   c) Sie kündigen eine neue Entwicklungskooperation mit einem der führenden Konkurrenten an ....

2. Ihre Abteilung für interne Kommunikation entwirft eine neue Plakatserie. Für welches Motto entscheiden Sie sich?
   a) Die Zukunft gehört uns ....
   b) Erfolg ist der zufriedene Kunde von heute ....
   c) Wachstum ist unser oberstes Ziel ....

3. Sie werden aufgefordert, Ihre vorstechendste Managementeigenschaft zu benennen. Welche ist es?
   a) Sie sind ein Visionär ....
   b) Sie besitzen die Fähigkeit, unglaublich motivierende (und amüsante) Reden zu halten ....
   c) Sie wissen, was Ihre Kunden wollen ....

4. Sie entwerfen einen Business-Plan für Ihr Unternehmen. Welches ist Ihre oberste Maxime?
   a) Wachstum ....

b) Flexibilität .... ■

c) Sie holen so viel Profit wie möglich aus dem
Unternehmen .... ■

5. Bei der Jahresfeier Ihres Unternehmens sollen Sie eine Rede
halten. Was tun Sie?

a) Sie beschränken sich auf ein allgemein gehaltenes
Bild .... ■

b) Sie rufen diesen Redenschreiber an, den Sie neu-
lich in einer Bar kennen gelernt haben, und über-
reden ihn, Ihnen irgendeinen Text zu schreiben ... ■

c) Sie sagen der Belegschaft, dass harte Zeiten bevor-
stehen, weshalb von jetzt ab gravierende Veränderungen nötig werden .... ■

6. Ein Headhunter tritt mit einem interessanten Angebot an
Sie heran, das Ihrer Karriere einen Schub verleihen könnte. Was tun Sie?

a) Sie bitten ihn um detaillierte Informationen über
den gegenwärtigen Stand des betreffenden Unternehmens .... ■

b) Sie verlangen uneingeschränkte Freiheit, um weitreichende Pläne umsetzen zu können .... ■

c) Sie fragen nach den Ertragsvorausschauen für die
nächsten Jahre .... ■

7. Ihr Unternehmen macht herbe Verluste. Wie reagieren Sie
darauf?

a) Sie erklären, dass diese Einbrüche nur vorübergehend sind und die zukünftigen Gewinne die gegenwärtigen Erwartungen noch übertreffen werden ... ■

b) Sie fordern Ihre Finanzbuchhaltung auf, die Zahlen
so zu drehen, dass sie besser aussehen .... ■

c) Sie rufen eine Expertenkommission ins Leben, die Ihre Stärken und Ihre Möglichkeiten analysieren soll .... ☐

8. Sie stellen fest, dass sich der Markt für Ihre Produkte oder Dienstleistungen verändert. Was tun Sie?

a) Sie lassen sich eine neue Homepage (mit Flash natürlich) entwerfen .... ☐

b) Sie erstellen einen neuen Fünf-Jahres-Plan .... ☐

c) Sie erzählen allen Leuten, dass sich der Markt irrt und die Dinge sich in Kürze wieder normalisiert haben werden .... ☐

9. Eine Abteilung Ihres Unternehmens erfüllt die Erwartungen nicht, obwohl der Markt scheinbar boomt. Was unternehmen Sie?

a) Sie definieren klare Zielvorgaben für diese Abteilung .... ☐

b) Sie verkaufen diesen Unternehmensteil .... ☐

c) Sie feuern den zuständigen Leiter .... ☐

10. Die Aktionäre berufen eine außerordentliche Versammlung ein, um Ihren Führungsstil zu kritisieren. Wie verhalten Sie sich?

a) Sie bieten Ihren Rücktritt an und verlangen eine saftige Abfindung .... ☐

b) Sie zeigen Ihnen die Kostenpläne, anhand derer Sie nachweisen, dass Sie binnen der nächsten drei Jahre erhebliche Gewinne machen werden .... ☐

c) Sie legen ihnen die neuesten Zahlen vor, nach denen die Arbeitsabläufe stringenter geworden und die Flexibilität verbessert worden ist .... ☐

Auswertung

1.:	a)	6	b)	2	c) 1 Punkte
2.:	a)	5	b)	2	c) 5 Punkte
3.:	a)	6	b)	8	c) 1 Punkte
4.:	a)	3	b)	1	c) 5 Punkte
5.:	a)	2	b)	3	c) 6 Punkte
6.:	a)	1	b)	4	c) 5 Punkte
7.:	a)	4	b)	11	c) 2 Punkte
8.:	a)	4	b)	5	c) 6 Punkte
9.:	a)	2	b)	4	c) 9 Punkte
10.:	a)	6	b)	8	c) 2 Punkte

0 ▸─────────────────────────────▸ 80

Tragen Sie Ihren Wert auf der Skala ein. Je weiter rechts Ihre Zahl ist, desto träger sind Sie!

Gestern ist vorbei und lässt sich nicht mehr ändern. Das Heute ist ein Resultat der gestrigen Entscheidungen – und wir müssen damit leben. Aber die Zukunft liegt in unseren Händen. Wir bestimmen selbst unser Schicksal. Wir können alles erreichen. Wir können die Zukunft zu dem machen, was wir wollen. Wir sind die Champions. Wir sind einfach die Besten!

Was gibt es Größeres, als eine neue, einzigartige Zukunft zu erschaffen? Hierin liegt die Herausforderung, der sich Manager stellen, die wirklich Einfluss auf das Wohlergehen ihres Unternehmens ausüben wollen. Deshalb konzentrieren sie sich mehr und mehr auf die Zukunft. Sie entwickeln Pläne für neue Märkte, neue Produkte, neue Kunden, neue Gewinne. Sie entwerfen Strategien, mittels derer sie ihr Unternehmen auf Wachstumskurs bringen.

Die Zukunft ist gleich da draußen; wir müssen nur hingehen und sie uns schnappen.

Die Zukunft übt eine magische Anziehungskraft auf jeden aus, der in der Wirtschaft tätig ist. Wachstum, Kontinuität, Expansion – das sind die Dinge, um die sich die Gedanken der Manager drehen. Strategien zu entwerfen, die auf zukünftige Erfolge abzielen, ist der eigentliche Job des Managers. Natürlich haben uns Bücher wie *Future Shock*[31] und das jüngst erschienene *Competing for the Future*[32] zu der Erkenntnis verholfen, dass die Dinge nicht mehr so sein werden, wie sie immer waren. Und gewappnet mit der Überzeugung, dass Veränderungen unabdingbar für zukünftige Erfolge sind, sehen viele Manager ihre vornehmliche Aufgabe darin, den Unternehmenskurs zu ändern und zu neuen Ozeanen aufzubrechen, wo gewaltige Profite auf sie warten.

> »Die Zukunft erreicht jeden mit einer Geschwindigkeit von sechzig Minuten pro Stunde, ganz gleich was er tut oder wer er ist.«
>
> *C. S. Lewis*

Die Zukunft winkt, und die Mutigsten werden sie für sich entscheiden.

Und so machen sich die Mutigen – ebenso wie die Dickköpfigen – auf, um ihre Ansprüche auf die Zukunft zu vertreten.

Auf der Schwelle

Wir befinden uns gegenwärtig noch auf der Schwelle zwischen Industriewirtschaft und Knowledge-based Economy. Solche Übergangssituationen bringen ganz eigene Probleme mit sich, die wir bereits vom letzten großen Paradigmenwechsel kennen, als die Agrarwirtschaft durch die Industriewirtschaft abgelöst wurde.

Die weltweite Agrarwirtschaft erreichte 1890 ihren Höhepunkt, als Landwirte, Jäger, Förster und Fischer knapp 30 Prozent der Bruttoinlandsprodukte erbrachten. Sobald die Industriewirtschaft Tritt fasste, reduzierte sich der prozentuelle Anteil der Agrarwirtschaft am BIP und wich dem Anteil der produzierenden, konstruierenden und staatlichen Unternehmen. In den Siebzigern des vergangenen Jahrhunderts konnten diese Industriezweige enorme Erfolge verbuchen, doch schon zwanzig Jahre später – als die Knowledge-based Economy die Industriewirtschaft abzulösen begann – zeichnete sich ein deutlicher Rückgang ab. Ihr Anteil am BIP betrug nur noch gut 35 Prozent. Zur selben Zeit war der BIP-Anteil der Agrarwirtschaft auf gerade mal 8 Prozent geschrumpft.

Wir sehen also, dass ebenso wie die Industrie die Agrarwirtschaft überholte, die Dienstleistungen allmählich wichtiger werden als Industrie. Kommunikation, Handel, Finanzen – dies sind nur einige der Services, die heute mit 57 Prozent am BIP beteiligt sind und somit das Wirtschaftswachstum bestimmen.[33]

Daher ist es nur verständlich, dass Manager von Industrieunternehmen oder solche, die aus der Industrie kommen, sich vermehrt nach Möglichkeiten umsehen, wie sie in die Knowledge-based Economy expandieren können. Hier werden sich in Zukunft Profite machen lassen; und hier können Unternehmen ihr Überleben sichern.

»Lassen Sie mich Ihnen die Zukunft zeigen«

Langzeitstrategien fußen immer auf Voraussagen. Das war von jeher so und ist heute nicht anders. Von Märkten »erwartet« man, dass sie sich auf ganz bestimmte Weise entwickeln werden; von Verbrauchern »erwartet« man, dass sie diese oder jene Bedürfnisse haben werden; von Investitionen »erwartet« man, dass sie irgendwann Gewinne abwerfen; von Forschungsbemühungen »erwartet« man, dass sie neue Produkte und Technologien hervorbringen werden.

Und all die Erwartungen sind naturgemäß recht hochgeschraubt. Sie sind immer positiv. Die wenigsten Manager würden jemals sagen, ihre »Erwartungen« gingen dahin, dass das Unternehmen dem Niedergang geweiht wäre!

Im Juli 1999 verkündete Compaq eine sehr gewagte neue Strategie: »Als weltgrößter Hersteller von Personal Computern wird Compaq einigen seiner rasant wachsenden Konkurrenten nacheifern, indem sie den Direktverkauf anheben werden. Bislang hat das Unternehmen seine PCs über Groß- und Einzelhändler vertrieben, doch nun wird man sich auf den Direktverkauf verlegen, um die Führungsposition am Markt zu verteidigen, wie der neue Geschäftsführer Michael Capellas sagt. ›Mit diesem Schritt bietet Compaq alles, was es braucht, um an vorderster Front in der Revolution der Informationstechnologie mitzukämpfen‹, sagte Benjamin Rosen aus dem Unternehmensvorstand. ›Michael Capellas wird das Unternehmen durch die nächste und größte Wachstumsphase seiner Geschichte führen.‹ Der Computerveteran und technische Berater, der ehedem in der Energieforschung tätig war, meinte, Compaq habe sich zum Ziel gesetzt, kurzfristig den Direktverkauf, wie ihn die Konkurrenz bereits betreibt, zu steigern, anstatt weiter über den Großhandel zu gehen. ›Heute liegen unsere PC-Direktverkäufe bei 15 Prozent. Bis zum Ende des Jahres werden wir bei 25 Prozent angekommen sein und unser Ziel sind 40 Prozent‹, sagte er.«[34]

Das war eine gewagte Strategie – die jedoch durchaus gerechtfertigt war, wenn man sich die Ertragserwartungen des Unternehmens ansah. Die Zahlen schienen aufzugehen. Man hatte große Erwartungen; die Investoren applaudierten und der Aktienpreis kletterte in die Höhe. Der Erfolg war praktisch garantiert.

Compaqs Zukunft hatte niemals rosiger ausgesehen.

> »Immerzu erpicht auf das,
> was die Zukunft bringen könnte,
> wird uns die Erwartung
> zur schlechten Angewohnheit.
> Irgendwas kommt immer, jeden Tag,
> Auf dann, sagen wir ...«
>
> *Philip Larkin*

Doch beinahe auf den Tag genau zwei Jahre später, erschienen plötzlich folgende Schlagzeilen: »Zu Beginn diesen Monats versetzte Compaq die Börsen in Unruhe, nachdem sie ihre Gewinnerwartungen zurückgeschraubt und weitere 4.000 Stellen abgebaut hatten. Der Gewinn des zweitgrößten Computerherstellers weltweit fiel auf 67 Millionen Dollar im Vergleich zu 338 Millionen Dollar im Vorjahr. Besondere Umstrukturierungen verschlangen 439 Millionen Dollar, wodurch die Firma binnen drei Monaten Verluste in Höhe von 279 Millionen Dollar machte. Die rückläufige Nachfrage aufgrund von Produktionsverzögerungen war ursächlich für die Probleme des Computerherstellers. Entsprechend konnte Dell sich mehr und mehr Marktanteile sichern und schließlich Compaq den Rang als bekanntestem PC-Hersteller ablaufen. Zudem kündigte Compaq an, sich aus dem Direktverkauf zurückzuziehen, da sie dem erbitterten Preiskampf mit Dell nicht standhalten konnten. Nun verlegten sie sich wieder auf die Schwerpunkte Software und Service. ›Mittelfristig wird der Markt unberechenbar bleiben, so dass sich kaum sichere Prognosen stellen lassen‹, erklärte der Geschäftsführer und Vorstand des Unternehmens, Michael Capellas.«[35]

»Erwarte nicht zu viel von der Zukunft, noch belaste deinen Geist mit der Vergangenheit.«

Chinesisches Sprichwort

Es dauerte also gerade mal zwei Jahre, bis die Realität sie eingeholt hatte, und ihre großen Erwartungen einen deutlichen Dämpfer erhielten. Nicht nur hatte sich der Markt gänzlich anders entwickelt, als sie vorausgesagt hatten, sondern Compaq hatte auch seine Vormachtstellung als weltweit führender Computerhersteller eingebüßt und war auf Platz zwei verwiesen worden.

Wachsen, wachsen, wachsen

Wenn ein Unternehmen in vier aufeinanderfolgenden Quartalen Wachstum zu verzeichnen hat, kann man davon ausgehen, dass es für immer so weiter gehen wird. Oder?

Falsch!

Cisco Systems hatte ein ausgeklügeltes IT-System entwickelt, mit dessen Hilfe Manager »in Echtzeit« Angebot und Nachfrage prüfen konnten. Dieses System erlaubte ihnen, »punktgenaue« Vorhersagen zu machen. Aber – niemand hatte die Tatsache bedacht, dass das Wachstum irgendwann stagnieren könnte. Vierzig Quartale durchgängigen Zuwachses hatten diese Annahme lächerlich erscheinen lassen. Selbst als sich die Anzeichen dafür zu häufen begannen, blieb das Vertrauen in kontinuierliches Wachstum unerschüttert. Noch im Dezember 2000 verkündete der CEO John Chambers – trotz des flauen Marktes – eine Wachstumsprognose von 50 Prozent jährlich und sagte: »Ich war nie optimistischer, was die Zukunft unserer Branche im Allgemeinen und Ciscos im Besonderen betrifft.«

Im April 2001 zwangen die rückläufigen Umsätze Cisco, eine Teilwertabschreibung in Höhe von 2,5 Milliarden Dollar auf Lagerbestände vorzunehmen sowie 8.500 Angestellte zu entlassen. Die Aktien verloren innerhalb eines einzigen Jahres 88 Prozent ihres Wertes.[36]

Hoffnung predigen

Gegenwärtig zeigen Manager eine starke Neigung, von Wohlstand und Stabilität zu phantasieren, die direkt hinter der nächsten Straßenbiegung auf ihre Unternehmen warteten. Diese Neigung ist möglicherweise unverhältnismäßig stark geworden. Alle konzentrieren sich auf die Zukunft, koste es, was es wolle. Vielleicht sollte man sogar besser sagen: sie konzentrieren sich auf Zukünfte, denn sie zücken sofort eine neue Zukunftsvision, wenn sich herausstellt, dass diejenige, die sie zuvor proklamierten, nicht eingetreten oder anders als vorausgesagt eingetreten ist. Dabei scheint unerheblich, inwieweit diese Zukunft ein Erfolgsversprechen birgt – allein die Hoffnung darauf, dass sie es könnte, ist den meisten Managern offenbar genug Rechtfertigung.

Sie haben sich angewöhnt, Hoffnung zu predigen. Wir können auf kontinuierlichen Erfolg »hoffen«; wir können auf eine positive Marktentwicklung »hoffen«; wir können »hoffen«, mit unserer neuen Produktlinie eine starke Position am Markt zu erreichen.

Hoffnung ist eine der drei großen Tugenden, daher predigen Manager, die die Hoffnung schüren, de facto Tugend.

Aber zugleich predigen sie auch Gleichgültigkeit gegenüber der Gegenwart. Sie predigen, dass das existierende Geschäft – jenes, das sich auf unsere erwiesenen Kompetenzen stützt – praktisch von allein abläuft, während sie einzig die Zukunft im Auge haben. Das Heute ist irrelevant; was zählt, ist das Morgen.

Lasst uns die Zukunft schaffen!

> »Die Zukunft ist das Schlimmste an der Gegenwart.«
>
> *Gustave Flaubert*

Eingesperrt oder ausgesperrt?

Erwartungen bewerben, Hoffnung predigen, ständig neue Strategien entwerfen – all das ist bezeichnend für den Versuch, das Unfassbare zu fassen. Gewiss ist verständlich, dass Manager das Wohlergehen ihrer Unternehmen sichern möchten. Dennoch fragen wir uns, ob dieses Ziel zu erreichen ist, indem man sich einzig der Zukunft zuwendet und die Gegenwart sich selbst überlässt.

Allzu häufig zwingen Entscheidungen, die für die Zukunft getroffen werden, die Unternehmen in ganz bestimmte Richtungen.

Sich ausschließlich auf das Morgen zu konzentrieren, erfordert eine spezielle Form von Beharrlichkeit, da sich der Spielraum erheblich verringert. Infolgedessen müssen außerplanmäßige Möglichkeiten und Alternativen verworfen werden. So finden sich Unternehmen plötzlich eingesperrt in der eigenen Strategie – und ausgesperrt von einem Markt, auf dem sie möglicherweise Gewinne hätten machen können.

Sie schaffen sich ihre Zukunft selbst – doch es ist niemand da, der diese Zukunft mit ihnen teilt!

Bisweilen tritt dieser Effekt auch ein, wenn Manager sich zu sehr externen Aspekten – wie etwa dem Markt – widmen, anstatt sich mit den internen Möglichkeiten und Stärken zu beschäftigen. Im Klartext: Sie denken zu viel darüber nach, was die anderen tun könnten, und zu wenig darüber, ihr Unternehmen dahingehend zu stärken, dass es Veränderungen gewachsen ist. Ihre eigentliche Aufgabe aber besteht darin, ihr Unternehmen hinreichend flexibel zu gestalten, damit es sich neuen Gegebenheiten anpassen und günstige Gelegenheiten nutzen kann, *wenn sie eintreten.*

Zukunft passiert – ob wir wollen oder nicht. Und erfolgreiche Manager setzen auf die Fähigkeit, auf diese Zukunft zu reagieren.

Sich dem Problem mit dem Geschäft stellen

1999 verkündete British Airways, die weltweit beliebteste und über Jahre hinweg erfolgreichste Airline, man wolle den Geschäftsschwerpunkt verlegen. Der Vorstandsvorsitzende Ayling gab an, dass »sich die Airline für eine veränderte Strategie entschieden hat. Man werde sich mehr auf die Geschäftsreisenden konzentrieren, um unabhängiger von dem halsbrecherischen Konkurrenzkampf des Economy-Marktes zu werden. Er sagte: ›Auf diese Weise können wir unsere Vorrangstellung sichern und sind zugleich weniger stark dem Preisverfall auf dem Economy-Sektor ausgesetzt.‹ Londoner

Analysten begrüßten die neue Unternehmensstrategie als richtigen Schritt, um den hohen Gewinneinbußen entgegenzuwirken. In der Hauptsache plant die Airline eine Verstärkung der Langstreckenflotte, indem sie mehr Boeing 777 einsetzen wird, die zwar kleiner sind als die 747-Flugzeuge, dafür aber weniger Economy-Class-Sitze haben. ›Die Einführung neuer Spitzenprodukte ist der Schlüssel zum Erfolg von British Airways. Sie ist sozusagen der Katalysator, der ihnen helfen wird, ihren Status als erste Airline zuruckzugewinnen‹, sagte Chris Tarry, Airline-Analyst bei der Commerzbank.«[37]

Ayling verließ BA Anfang 2000, doch die Airline blieb bei ihrer Strategie, die Anzahl der hochpreisigen Business-Class-Passagiere auf Kosten des Economy-Class-Geschäftes zu   steigern. Und das obwohl sie für 2000 die höchsten Verluste in den 17 Jahren seit ihrer Privatisierung (1983) zu verzeichnen hatte. Darüber hinaus wurde BA durch neue Billigfluglinien und internationale Zusammenschlüsse in die Enge getrieben, die das traditionelle Geschäft bedrohten. In Europa begegnete man dieser Bedrohung, indem BA eine eigene Billiglinie gründete, Go – doch dieses Unternehmen ist noch nicht in der Gewinnzone angekommen. Währenddessen konnten andere Low-Budget-Airlines wie Easy Jet und Ryanair sowohl für 2000 als auch für 2001 echte Profite verbuchen. Mr. O'Leary zeichnet verantwortlich für den Aufschwung bei Ryanair, die vor zehn Jahren, als er in das Unternehmen eintrat, kurz vor dem Absturz waren. Er ließ sich von der Geschichte der Southwest Airlines in den Vereinigten Staaten inspirieren, wobei er unumwunden zugibt, dass »es nie einfach war« für Unternehmen wie Ryanair, in Europa zu expandieren, da die großen Linien, insbesondere BA, SAS und Alitalia, immer mehr Routen einfach aufgaben.

Das Unvorhersehbare

Niemand in der Geschäftswelt – und übrigens auch sonst niemand – hätte jemals die Geschehnisse vom 11. September 2001 vorhersehen können. Innerhalb von 45 Minuten veränderte sich die ganze Welt. Das war vollkommen unvorhersehbar gewesen; diese Anschläge waren in keinem Business-Plan und in keiner Ertragsvorschau berücksichtigt. Sie kamen wie ein *deus ex machina*, der allerdings, im Gegensatz zum gleichnamigen Theaterphänomen, keine Lösung brachte, sondern stattdessen einen Riesenberg Probleme. Was folgte, war ein unvorhergesehener und unvorhersehbarer Kollaps der Luftfahrtindustrie. Binnen gerade mal acht Wochen nach den Terroranschlägen gingen in dieser Branche 250.000 Stellen verloren. Sabena, eine der ältesten Airlines der Welt, meldete Konkurs an. Swissair zählte ebenfalls zu den Opfern. Die Luftfahrt wurde eingemottet. Die Krise traf nicht nur die Fluglinien, sondern auch deren Lieferanten, Catering-Firmen, Flugzeugbauer, Maschinenbauer, Reisebüros und sogar Bus- und Taxenunternehmen, die sich auf den Transport rund um die Flughäfen spezialisiert hatten.

British Airways litt gewaltig unter den Auswirkungen. Ihre Strategie, sich auf die Geschäftsreisenden zu konzentrieren, schränkte sie in ihrer Flexibilität ein. Und die Einnahmen aus Geschäftsreisen brachen weg, so dass aus erwarteten Gewinnen der größte Verlust in der Geschichte der Airline-Industrie wurde.

Natürlich sagen viele Analysten im Nachhinein, eine Umstrukturierung des Fluggeschäftes wäre überfällig gewesen, weil es zu viele Linien gibt, die zu viele Plätze für zu wenige Passagiere anbieten. Gegenwärtig findet eine regelrechte »Reise nach Jerusalem« statt, bei der Airlines, die ums Überleben bangen, versuchen, sich mit anderen Spielern auf einen Stuhl zu drängen. Die Tage der Nationallinien scheinen gezählt. In Europa sagen die Leute voraus (schon wieder Voraussagen!), dass sich letztlich nur noch drei große Airlines werden halten können – oder eine Kombination aus mehreren Airlines. Trotz ihres kränkelnden Zustandes sieht man

BA als einen potenziellen Kandidaten für diese »Großen Drei«, eventuell in Allianz mit KLM oder einer der anderen großen Linien. Hat jemand Lust auf eine Wette, wie das Ganze schließlich ausgehen wird?

Ein neuer Sündenbock?

Doch werden die Manager dieser Welt die Ereignisse vom 11. September zum Anlass nehmen, ihre bisherigen Vorstellungen neu zu überdenken, oder werden sie sie vielmehr als Entschuldigung für ihre Patzer aus der Vergangenheit nutzen? Die Wahrscheinlichkeit ist groß, dass die Anschläge auf New York und Washington sowie der Krieg in Afghanistan als Blanko-Entschuldigung in so manchem Jahresabschlussbericht auftauchen dürften. Wir sollten uns also auf Sätze gefasst machen, wie »Wir waren auf dem besten Weg in die Gewinnzone, bis ...« oder »Die unvorhersehbaren Ereignisse vom ...« oder »Wir mussten unsere Ertragsvorschau aufgrund der Geschehnisse vom .... korrigieren ...« oder »Wir sind zuversichtlich, unser nächstes Betriebsergebnis verbessern zu können, sobald wir die verheerenden Folgen vom ... überwunden haben.«

Wie oft bekommen Manager schon einen derart perfekten Sündenbock angeboten? Daher besteht die Gefahr – und zwar eine sehr konkrete und allgegenwärtige Gefahr – dass man sich dieses Sündenbocks bedienen wird, um mittels dessen Unvorhersehbarkeit zu rechtfertigen, warum genauso weitergemacht wird wie bisher.

Hingegen gibt es eine Lehre, die wir aus den Anschlägen ziehen können (wenngleich es überaus zynisch anmuten mag, den tragischen Tod von 5.000 Menschen als Managementlektion hinstellen zu wollen!), und die wäre, dass wir unsere Zukunft nicht bestimmen. Alles, was in unserer Macht steht, ist, an ihr teilzuhaben. Keine Voraussagen, keine Prognosen können das Unvorhersehbare berücksichtigen. Und aus diesem Grunde sollten wir uns nicht an das Morgen klammern, sondern im Hier und Heute für eine Haltung sorgen, die uns ermöglicht, unsere Strategien den Geschehnissen anzupassen. In Zeiten, da einfach zu wenig Zeit da ist, da Lebenszyklen in Wochen statt in Jahren gerechnet werden, da Möglichkeiten kurzfristig aufleuchten und wieder verschwinden, können wir uns nicht auf eine Zukunft berufen, die absolut ungewiss ist. Wir können es uns nicht erlauben, an Illusionen festzuhalten, so lange unser eigentliches Geschäft in der Realität stattfindet.

> »Jene Dinge liegen in der Zukunft; wir sollten uns dringend um die Dinge kümmern, die in Reichweite sind.«
>
> *Sophokles*

Für die Zukunft vorzusorgen, bedeutet, heute die Voraussetzungen zu schaffen, um Chancen zu ergreifen, die sich uns morgen bieten. Doch wir sollten uns davor hüten, eventuelle Chancen zu prophezeien.

Die Zukunft ruft

1999 hieß es im BBC: »Der Kopf des weltgrößten Computerchip-Herstellers sagte voraus, dass Unternehmen, die nicht beizeiten für eigene Präsenz im Internet sorgen, binnen fünf Jahren aus dem Geschäft gedrängt würden. ›In fünf Jahren wird es keine Internetfirmen in dem Sinne mehr geben, da alle Unternehmen Internetfirmen sein werden‹, meinte Andrew Grove aus dem Intel-Vorstand. ›Andernfalls werden sie verschwinden.‹«[38]

Heute fragen sich viele Menschen, ob die dot.com-Blase endgültig geplatzt ist. Gewiss sind zahlreiche Unternehmen zu dem Schluss gekommen, das Internet wäre doch nicht die Wunderdroge, als die es ehedem dargestellt wurde. Es regiert keineswegs die Welt. Läden und Kaufhäuser wurden nicht geschlossen, weil sich die Verbraucher *en masse* auf das Online-Shopping verlegten. Dennoch haben die Internetpropheten – die zumeist ein großes Interesse an der Verbreitung der Technologie hatten – über Jahre hinweg versucht, der Welt ihre Sicht der Zukunft aufzuzwingen. Unzählige Manager waren entschlossen, nicht hintan zu stehen, und sprangen mit auf den fahrenden Zug auf.

Lasst uns ein Stück von der Internet-Goldader ergattern!

Es ist nicht alles Gold, was glanzt. Doch einige Leute schaffen es immer wieder, die Illusion vom Gold aufrechtzuerhalten, sofern nur genügend Dumme da sind, die an diese Illusion glauben wollen. Die Investoren waren nachgerade versessen darauf, in Firmen zu investieren, die enormes Wachstum und unvergleichliche Zukunftsmöglichkeiten versprachen. Die Aktienkurse der dot.com-Unternehmen stiegen in astronomische Höhen. Und plötzlich wurden junge, begeisterte Unternehmer über Nacht zu Millionären – zumindest diejenigen, die wirklich überzeugend wirkten. Das hatte nichts mit der Arbeit zu tun, die sie geleistet hatten, sondern einzig damit, dass sie, wie eine moderne Version des Medizinmannes, imstande waren, Menschen an Illusionen glauben zu lassen. Sie verkündeten ihre Vision der Zukunft, und die anderen wollten um jeden Preis daran teilhaben.

Man unterschätze niemals die Macht der Gier!

Doch dann gerieten die Dinge aus dem Ruder: Dieselben Investoren, die noch gestern mit blinder Euphorie geschlagen waren, begannen auf einmal, die Verdienstmöglichkeiten der zahllosen dot.com-Unternehmen infrage zu stellen. Hatten die Aktien dieser dot.coms tatsächlich den Wert, den die Investoren ihnen gegeben hatten? Immerhin hörte man von den wenigsten dieser Unternehmen mehr als große Versprechungen. Wie Scott McNealy, CEO bei Sun, gegenüber einer Gruppe von New Yorker Investoren so treffend über dot.com-Unternehmen sagte: »Der Wert der Autos, die auf dem Firmenparkplatz stehen, übertrifft den Umsatz des Unternehmens um das Vierfache.« Den Unternehmern war es auf fragwürdige Weise gelungen, die Aufmerksamkeit des Investmentmarktes von den gegenwärtigen Verlusten weg und auf die zukünftigen Gewinne hin zu lenken.

War diese Entwicklung unvermeidlich?

Rückblickend betrachtet war es vielleicht unvermeidbar, dass diese Blase platzen würde. Auch Zukunftsversprechen von langfristigen Gewinnen haben ein gewisses Verfallsdatum. Irgendwann muss das, was passiert, zu dem passen, was angekündigt wurde. Wenn dieser Fall nicht eintritt, verliert der Markt die Geduld; und Ungeduld schafft ein ungesundes Klima am Markt.

Richtig feindselig wird das Klima, sobald die ersten Unglücksfälle eintreten. Und die gab es zur Genüge. NBC beispielsweise stellte sein Internetgeschäft kurzerhand ein. »Der US-Mediengigant NBC hat seiner verlustträchtigen Internettochter den Saft abgedreht. ›Der starke Verfall des Internet-Werbegeschäftes hat uns zu dem Schluss veranlasst, dass es keinen Sinn macht, die Portalstrategie weiter zu verfolgen‹, sagte NBC's Finanzvorstand Mark Begor. ›Wir wollten einen Weg finden, den Shareholder Value zu optimieren und das Geschäft auf bestmögliche Weise abzuwickeln.‹ ›Da wir nicht weiter steigende Verluste hinnehmen und zusehen wollten, wie der Wert von NBCi verfällt, war dieser Schritt der richtigen im Interesse der NBCi-Aktionäre‹, sagte Will Lansing, CEO von NBCi.«[39]

Diese unzuverlässigen Verbraucher

Zum Teil basierte der Fehlschlag des großen Online-Handels auf der Tatsache, dass die Verbraucher nicht das taten, was sie laut Umfragen hätten tun wollen. Wie schrecklich von ihnen! Dabei entbehrt es jeglicher Logik, Trendstatistiken eine solche Wichtigkeit beizumessen. Immerhin ist es etwas gänzlich anderes, ob ein Verbraucher sagt, er würde online einkaufen wollen, oder ob ihm plötzlich Zeitungsberichte ins Haus flattern, nach denen seine Kreditkartenangaben auf Internetseiten bei weitem nicht so sicher wären, wie man ihn gern glauben machen wollte. Und selbst wenn der Kunde vielleicht bequem per Click seine Einkäufe erledigen kann, sind viele doch frustriert angesichts der Wartezeiten zwischen Bestellung und Lieferung. In der schönen neuen Click-und-Klar-Wirtschaft war sofortige (oder zumindest zeitnahe) Lieferung das Mindeste, was man erwartete. Doch viele Unternehmen hatten übersehen, dass sie eine gutgeölte Liefermaschinerie bräuchten, die sich auf den ersten Click in Gang setzen müsste.

Stattdessen glaubten sie, mit der eingegangenen Bestellung wären sie bereits sicher im Rennen.

Die größten Opfer des blinden Zukunftsglaubens dürften zweifellos die Telekommunikationsunternehmen sein. Die Umsatzerwartungen für Handys wiesen einen schier unglaublichen Anstieg aus. 1998 sprach Hein v.d. Zeeuw, seinerzeit Marketing Manager der GSM-Tochter von Philips Semiconductors, auf der jährlichen ISS-Konferenz zu den Vertretern der IC-Industrie. In dieser Rede malte er folgendes Bild von der Branche:

»Ich versuche nicht, die Zukunft zu beschreiben. Ich versuche, ihr vorzubeugen.«

Ray Bradbury

»Die Anzahl der Handybenutzer ist deutlich schneller und höher angestiegen, als irgendjemand vorausgesehen hatte. Heute haben wir grob geschätzt 250.000 Nutzer weltweit; bis zum Jahr 2000 werden es 600.000 sein, zumindest wenn sich der Zuwachs weiterhin so gestaltet wie während der vergangenen fünf Jahre. Bislang entwickeln sich die Verkaufszahlen exponentiell, und wir haben keinen Grund anzunehmen, dass sich dieses Wachstum in absehbarer Zeit ändern wird. Möglicherweise erwartet uns sogar eine Überraschung – und die Zuwachsraten steigen noch schneller als voraussehbar. Doch ganz gleich wie die tatsächlichen Zahlen am Ende aussehen mögen – sie werden auf jeden Fall atemberaubend

HOCH sein. Und wenn man bedenkt, dass dieser Markt erst wenige Jahre jung ist, kann man den derzeitigen Absatz an Mobiltelefonen mit Fug und Recht als phänomenal bezeichnen. Der Anschaulichkeit halber möchte ich an Folgendes erinnern: Wussten Sie, dass es über ein halbes Jahrhundert dauerte, bis sich das normale Telefon beim Endverbraucher durchgesetzt hatte? Ich wette, dass es in diesem Raum sogar Leute gibt, die sich, wie ich, daran erinnern können, in einem Haus ohne Telefonanschluss gelebt zu haben. Mobiltelefone konnten sich innerhalb eines halben Jahrzehntes durchsetzen! Im vergangenen Jahr wurden 140 Millionen Geräte produziert; für dieses Jahr schätzt man die Gesamtproduktion auf 180 Millionen. Ist Ihnen klar, dass wir gegenwärtig mehr Handys pro Jahr produzieren als Fernsehgeräte und als Autos?«

Dieser Markt schien wie eine Lizenz zum Gelddrucken. Und viele Leute waren überzeugt, er könnte das entscheidende Bindeglied zwischen dem Verbraucher und dem Internet sein. Die Unternehmen waren nur allzu bereit, die Konkurrenz mit allen Mitteln zu schlagen, und als die Lizenzen verteilt wurden, entbrannte ein Angebotswettstreit, wie wir ihn selten zuvor erlebt hatten.

Und noch einer beißt ins Gras

Heute herrscht in der gesamten Branche heilloses Durcheinander. Die Investitionen, die man getätigt hatte, waren derart gewaltig, dass viele sich fragen, ob sie sich jemals bezahlt machen können. Kein Wunder, dass die *Financial Times* dieser Branche mit äußerster Skepsis gegenübersteht – sowohl in Bezug auf die Vergangenheit als auch im Hinblick auf die Zukunft.

»Das Bieten für die 3-G-Lizenzen markierte den Wendepunkt innerhalb eines Investitionsfiebers, das 400 Milliarden Dollar verschlang. Auf der Höhe des Booms glaubten die Mobiltelefonanbieter, sie hätten eine Formel ausgemacht, die den Erfolg praktisch garantierte. Sie wiesen auf die rapide ansteigenden Nutzungszahlen, denen sie mittels beträchtlicher Gerätevergünstigungen und steten Designverbesserungen nachgeholfen hatten. Außerdem sahen sie im Internet ein ungeheures Potenzial, ihre Umsätze zu steigern, indem sie auf den Massenverbraucher setzten, der Medieninhalte und Waren online abfordern würde. Nichtsdestotrotz brach in Großbritannien die Branche praktisch in dem Augenblick zusammen, als die Schecks für die 3-G-Lizenzen unterzeichnet waren. Eine vergleichbare Auktion in Deutschland brachte wenige Wochen später sogar noch mehr Geld ein. Die gesamte europäische Telekommunikationsbranche stöhnte unter den gewaltigen Schuldenlasten, und die Banker fragten sich, ob die Finanzmärkte dieser Anspannung gewachsen wären. Heute wirken die Voraussagen der Mobilnetzbetreiber, mit denen sie ihre enormen Investitionen zu rechtfertigen versuchen, zusehends fadenscheiniger. Die Fehleranfälligkeit der Technik zeigt, dass keiner der Hersteller und Betreiber das nötige Rüstzeug mitbringt, um dem versprochenen Datentransfer in Großformat auch nur nahe zukommen. Eine der einflussreichsten Statistiken über Mobiltelefonnutzung, die von den A. T. Kearney Managementberatern und der Cambridge Business School erstellt wird, wird demnächst enthüllen, dass die meisten Verbraucher kein Interesse haben, mit ihrem Handy im Internet zu surfen. Von 2.400 befragten Mobiltelefonnutzern meinten gerade mal 4 Prozent, sie könnten eventuell einmal via Handy online Geld ausgeben (sechs Monate zuvor waren es noch 12 Prozent gewesen). Lediglich zwei Prozent der Befragten sagten, dass sie es schon einmal mit ihren internetfähigen Handys versucht hätten – für deren Entwicklung die Industrie bislang Hunderte Millionen von Dollars verschleudert hat. Dieser Investmentwahn wurde möglich, weil günstige Finanzierungsangebote auf den Markt katapultiert wurden, wie man sie seit dem Risikopapierboom der Achtziger nicht mehr gesehen hatte. Risikokapitalunternehmen, deren Geldbeutel zum Bersten anschwollen, sobald die Öffentlichkeit Wind davon bekam, welches Potenzial das Internet barg, standen bei den Jungunternehmen Schlange, um sie mit Privatmitteln an die Börse zu bringen. Dabei hätte es bleiben können, wäre da nicht etwas eingetreten, das die Telekommunikationsseifenblase deutlich vom Investmentboom der dot.coms und Biotech-Unternehmen abheben sollte. Vollkommen unerwartet traten nämlich etablierte Unternehmen auf den Plan, die glaubwürdige Bilanzen und hinreichend Kreditwürdigkeit mitbrachten, um weitere Milliarden Dollar aufnehmen zu können. Zu ihnen zählten Herstellergiganten wie die britische GEC, die sich einmal komplett umkrempelte, damit sie die Telekommunikationstochter Marconi gründen konnte. Hinzu kamen Versorgungsbetriebe wie Scottish Power, National Grid, Enron und Montana Power, die eine günstige Gelegenheit sahen, ihre ausgefeilten Infrastrukturen gewinnträchtig einzusetzen, wenngleich sie keinerlei Erfahrung auf dem Sektor der Telekommunikation hatten. Besonders gefährlich waren die traditionellen Telefonunternehmen, die beweisen wollten, dass sie nicht länger die langweiligen Monopole von einst waren. Die drei größten von ihnen rekrutierten neue Vorstände direkt aus der Computerindustrie und waren nachgerade versessen darauf, große Mengen Geld auszugeben. Mike Armstrong hüpfte aus der Vorstandsetage von International Business Machines direkt zu AT&T, Sir Peter Bonfield tauschte ICL gegen

»Aus Leidenschaften wachsen Meinungen; durch intellektuelle Trägheit verhärten sie sich zu Überzeugungen.«

Friedrich Nietzsche

BT ein, und Ron Sommer verließ Sony, um das Ruder der soeben privatisierten Deutschen Telekom zu übernehmen. All diese Unternehmen, die Amtsinhaber und Anfänger zugleich waren, wähnten zusätzliche Umsatzquellen, mit denen sie ihre Investitionen rechtfertigen konnten – damals und in Zukunft. Rückblickend betrachtet waren ihre Vorstellungen immer schon weit hergeholt. Ein beständig vermehrtes Angebot unterschiedlicher Zugangsmöglichkeiten bedeutete im Klartext, dass für jeden Haushalt und jedes kleine Unternehmen Telefon- und Internet-Services von sage und schreibe einem Dutzend Betreiber zur Verfügung standen, die allesamt vom wachsenden Marktanteil abhängig waren.«[40]

Die bittere Wahrheit

Nach wie vor gibt es keinen wirklich sicheren Tipp, ganz gleich was irgendwelche Unternehmer erzählen. Und für die Zukunft lässt sich schon gar nichts sicher voraussagen. Viele Unternehmen haben zugelassen, dass ihr Tagesgeschäft den Bach herunterging, weil sie sich ausschließlich auf die Zukunft konzentrierten. Sie hofften auf die goldenen Eier, kümmerten sich jedoch nicht um die Gans.

Letztendlich ist die alleinige Ausrichtung auf die Zukunft gutem Geschäftsgebaren gänzlich fremd. Traditionsgemäß wurde der Wert eines Unternehmens nach seinen aktuellen Ergebnissen bemessen; indem alle Welt sich einzig einer vermeintlich großen Zukunft widmet, rücken tatsächliche Erfolge mehr und mehr in den Hintergrund, bis sie schließlich ganz durch Versprechungen ersetzt werden. Die zukünftigen Horizonte, von denen so viele Manager reden, lassen die Vergangenheit weitestgehend unberücksichtigt. Keinerlei Berücksichtigung erfahren dabei die erwiesenen Kompetenzen des Unternehmens. Und all das geschieht zu dem Zweck, eine mögliche Zukunft zu schaffen, die in keinem Zusammenhang mit den wirklichen Stärken des Unternehmens steht. Hinzu kommt, dass man sich dadurch auf einen Kurs festlegt, der momentan gut und richtig sein mag, möglicherweise aber schon bald irrelevant wird. Wie die Einheiten von Lebenszyklen schrumpfen, sich Chancen nur noch für kurze Momente auftun, meist ohne Vorwarnung, so kann auch die gestern denkbare Zukunft sich heute als undenkbar erweisen, als etwas, das nie eintreten wird. Nicht zu vergessen, dass Manager, die unentwegt von der Zukunft predigen, bisweilen ziemliche Verwirrung stiften: heute haben wir die und die Zukunft, morgen eine vollkommen andere. Wer Hoffnung predigt, tut dies mit dem Hintergedanken, von Bedrohlichem abzulenken: Springt auf den fahrenden Zug oder lasst es bleiben. Und Manager, die sich auf die Versprechen der Zukunft stützen, mühen sich verzweifelt, diese wahr zu machen, ganz gleich wie fremd sie dem sein mögen, was den Wurzeln ihres Unternehmens entspräche.

In Nullzeit reagieren

Heute erreicht man zukünftige Stabilität nicht länger dadurch, dass man sich ausschließlich auf das Morgen konzentriert. Es gibt keine verlässlichen Vorhersagen in Zeiten, da sich der Markt über Nacht verändern kann. Was Unternehmen begreifen müssen, ist, dass die Zukunft so oder so eintreten wird – und sie sich darauf einstellen sollten, flexibel, effizient und vor allem kurzfristig handeln zu können. Sie müssen in Nullzeit reagieren, weil es allemal besser ist, schnell auf dem Markt zu sein als auf einen Markt hinzuarbeiten, der nie da sein wird.

Ein altes russisches Sprichwort lautet: »Der arme Mann sagte, ›Na ja, ich würde schon Wodka trinken, aber ich habe kein Geld.‹« Gegenwärtig hat man den Eindruck, dass viele Manager in Erwartung zukünftiger Reichtümer bereits eimerweise Wodka trinken. Dabei scheint es sie nicht weiter zu stören, dass diese Reichtümer sich noch im Stadium der Fiktion befinden. Ebenso wenig scheinen sich die Investoren daran zu stören, denn sie sind es, die bereitwillig einen überhöhten Wodkapreis bezahlen in der Hoffnung, eines Tages die Wodkabrennerei zu besitzen. Deshalb vertrauen sie blind auf große Versprechungen und erkaufen sich ihre Beteiligungen an der Zukunft.

Hinterher schlau zu sein, ist kein Kunststück. Rückblickend weiß es jeder besser. Und dennoch lehrt uns die Geschichte, welche besondere Faszination die Zukunft auf uns ausübt. Wir sind überaus empfänglich für Vorhersagen. Dabei hatte sogar Nostradamus nicht immer Recht.

Wir können zwar versuchen, die Zukunft zu beeinflussen, aber schaffen wird sie sich letztlich selbst. Und was dabei herauskommt, sieht oft ganz anders aus, als wir es je erwartet hätten.

Lassen Sie sich nicht von Zukunftsmusik einlullen. Verschwenden Sie keine Zeit damit, vorauszusagen, wie sich die Verbraucher morgen verhalten werden. Konzentrieren Sie sich stattdessen darauf, dass Ihr Unternehmen agil, anpassungsfähig, flexibel und reaktionsschnell wird und bleibt. Nur so können Sie jederzeit erkennen, was sich in Zukunft ändern wird, und entsprechend reagieren – früher als die Konkurrenz.

Und wenn Sie meinen, Sie lägen mit Ihren Zukunftsvisionen auf der sichereren Seite? Nun, dann machen Sie sich der Todsünde der Trägheit schuldig und werden die Konsequenzen tragen müssen.

»Trägheit, nicht Bosheit, macht mich ungerecht.«

Mason Cooley

Fallstudien

Sünder: KPNQwest

Es ist das größte und wichtigste Faseroptik-Netzwerk in Europa. Es ist das Rückgrat des Internets auf dem ganzen Kontinent. Und dennoch meldet sein Eigner, KPNQwest, Konkurs an, nachdem sein Wert von 42 Milliarden Euro im Jahr 2000 auf 5 Milliarden im Jahr 2002 gefallen ist.

KPNQwest wurde 1998 von KPN, dem holländischen Telekomgiganten, und Kwest aus den Vereinigten Staaten gegründet. Sie stürzten sich voller Ehrgeiz darauf, in ganz Europa Telekommunikationsnetze zu bauen und unter Vertrag zu nehmen. 2001, gerade mal zwei Jahre nach Start des Unternehmens, lagen die Umsätze bei über 850 Millionen Euro. 50 europäische Großstädte waren an das Faseroptiknetzwerk angeschlossen, das nun 20.000 Kilometer maß. Und immer noch wurde weiter expandiert, investiert und mehr Kapazität akquiriert. 2001 kauften sie den britischen Betreiber GTS Bone für 650 Millionen Euro. Dadurch wuchsen die Schulden auf 1,9 Milliarden Euro, aber KNPQwest vertrauten den eigenen optimistischen Prognosen und glaubten, hohe Verluste dienten in dieser Branche dazu, den Weg zu langfristigen Profiten zu ebnen. Also wurde mehr und mehr Kommunikationskapazität aufgebaut in einem Bereich, der schon längst zu viel davon hatte. Niemand dachte darüber nach, stattdessen den Umsatz anzukurbeln oder die Gewinnspanne zu verbessern.

Selbst als die Alarmzeichen grell aufzuleuchten begannen, glaubte das Unternehmen weiterhin an seine wachstumsorientierte Strategie. Es grenzte an unternehmerische Trotzköpfigkeit. Entsprechend kamen die ersten ernstgemeinten Warnungen von Seiten des Mutterunternehmens: KPN.

Im Geschäftsjahr 2001 hatte KPN verzweifelt versucht, sich aus einer Schieflage zu befreien, in die es sich selbst manövriert hatte. Bis September 2001 waren Schulden in Höhe von 23 Milliarden Euro aufgelaufen, die Fusion mit der belgischen Telecom war geplatzt, Mitarbeiter wurden entlassen. Sie beendeten das Geschäftsjahr mit den höchsten Verlusten in der Geschichte der holländischen Wirtschaft. Und sie schuldeten KPNQwest 23 Millionen Euro.

Im Februar 2002 gab KPNQwest bekannt, dass man hinreichend Liquidität hätte, um den Betrieb aufrechtzuerhalten. Mitte Mai dann wurde verlautbart, dass keine weiteren Kreditsicherungen in Frage kämen, und Ende des Monats wurde den Vertragspartnern geraten, sich anderweitig nach Kapazitäten umzusehen. Am 31. Mai 2001 meldete das Unternehmen Konkurs an. Wenngleich gemeinschaftliche Bemühungen dafür sorgten, dass die Netzwerke nicht stillgelegt wurden, spricht einiges dafür, dass die KPNQwest-Geschichte ein Ende nehmen wird, das Telekommunikationsinvestoren bereits vertraut ist: Die einzigen Leute, die irgendwelche Gelder zurückbekommen, sind die Banken und die Gläubiger, während die Obligationäre und Beteiligten am Gesellschaftskapital im Regen stehen werden.

Heiliger: Bertelsmann

In Zeiten, in denen Medienkonzerne – ITV Digital, Kirch – Insolvenz anmelden, scheint Bertelsmann die Ausnahme von der Regel zu sein. Sie verzeichnen hohe Gewinne und wachsende Dividende für ihre Aktionäre. Im März 2002 wurde angekündigt, dass man noch eine Steigerung der Rekordumsätze aus dem Jahr 2000/2001 erwarte.

Vorstandsvorsitzender und Geschäftsführer Thomas Middelhof sagte:»Bertelsmann ist der internationalste aller Medienkonzerne und strebt eine weltweite Spitzenposition in den Märkten an, in denen er operiert. Wir beliefern unsere Kunden mit Informationen, Bildung und Unterhaltung über alle möglichen Kanäle und in allen erdenklichen Formaten. Unsere Bemühungen konzentrieren sich auf kreative Inhalte, Kundennähe und hohe Kapitalerträge. Bertelsmann ist bekannt für seine Talentförderung, weil wir Künstlern und Jungunternehmern Freiräume geben, damit sie wachsen können. In einer Medienlandschaft, die rasante Veränderungen durchlebt, liegen wir ganz vorn!«[41]

Wie war es Bertelsmann gelungen, den Weg zu meiden, den so viele andere Medien- und Internetunternehmen derzeit gehen?

Vielleicht findet sich die Antwort in der »Bertelsmann Excellence Initiative (BEX)«. Hierzu gehörte unter anderem die strategische Verwendung der Kapitalgewinnung aus Veräußerung von AOL-Anteilen. Dadurch konnte sich das Unternehmen ebenfalls von so gut wie allen Schuldenbelastungen befreien.

Derlei kluge Finanzplanung steht in diametralem Gegensatz zu den Schuldenbergen und Versprechungen zukünftiger goldener Töpfe, die so viele andere in dieser Branche auszeichneten. Middelhof: »Trotz Rezession und den negativen Nach-wirkungen des 11. Septembers kann Bertelsmann mit einer beachtlichen Kapitaldeckung arbeiten und ist entsprechend schlagkräftig. Wir haben eine Menge getan, um an diesen Punkt zu gelangen: die einzelnen Unternehmenszweige rücken im Rah-men der Bertelsmann Excellence Initiative enger zusammen, neue Märkte tun sich auf, und ehedem ungekanntes Umsatz-potenzial wird erschlossen ... Wir haben die Vorteile unserer Gewinnphase genutzt, um uns in eine optimale Startposition zu bringen für den Moment, in dem die Wirtschaft wieder anzie-hen wird. Dazu gehörten umfangreiche Kostenreduzierungs-maßnahmen, Verschlankung des Portfolios und höhere Gewin-ne.«[42]

Während der letzten drei Jahre hat Bertelsmann über 6 Milliarden Euro in das Content-Business investiert und seine TV-Sparte verstärkt. 50 Prozent der Mittel stecken heute in Fernsehen, Radio, TV-Produktionen und Sportübertragungs-rechten. Bei Onlineverkäufen ist Bertelsmann weltweit die Num-mer eins auf dem Musiksektor und die Nummer zwei auf dem Buchsektor. Die Start-up-Verluste aus dem Internetgeschäft – die im Geschäftsjahr 2000/2001 mit 866 Millionen Euro ihren Höhepunkt erreichten – konnten auf 226 Millionen Euro zurückgefahren werden. Bertelsmann folgt dem Prinzip, die Ver-luste aus dem Internetgeschäft mit Kapitalgewinnen aus Ver-äußerung in anderen Bereichen abzufangen.

4

Die vierte Todsünde:
Gier nach Neuem

Auf stetigen Wandel setzen,
ohne nach dem Sinn zu fragen

Gurus sind der Fluch der Wirtschaft. Ständig kommen sie mit etwas Neuem. Und das Schlimme ist, dass man von jetzt auf gleich aus dem Rennen fliegt, wenn man sich nicht zum Anhänger dieser bislang unbekannten Experten erklärt, die doch offenbar wahre Wunder in dem kleinen, bedeutungslosen Unternehmen wirkten, das plötzlich zu einer ernsten Bedrohung für die Konkurrenz wird. Also muss man doch dem Trend folgen, oder? Und zwar nicht nur diesem einen Trend, sondern allen Trends, denn Gurus kommen und gehen. Aber der Wandel, den sie bringen, bleibt. Ist es nicht so?

* * * * *

Der Gier-Check

Wir haben alle unsere Idole – Vorbilder, denen wir nacheifern. Aber wie häufig mutiert dieses Nacheifern zu blinder Gier? Beantworten Sie die nachfolgenden Fragen und finden Sie heraus, wie verzweifelt Sie versuchen, mit anderen Unternehmen Schritt zu halten.

1. Sie werden aufgefordert, Ihre wichtigste Aufgabe innerhalb des Unternehmens zu beschreiben. Welche Aufgabe nennen Sie?
   a) Die Mentalität verändern .... ☐
   b) das Unternehmen rationalisieren .... ☐
   c) einen großen Veränderungsprozess in Gang setzen ☐

2. Ihr Unternehmen wird zusehends von der Konkurrenz bedroht. Was tun Sie?
   a) Sie sagen den Leuten, dass sich der Markt verändert und sie sich ebenfalls verändern müssen .... ☐
   b) Sie analysieren, wo die eigentlichen Kompetenzen Ihres Unternehmens liegen, und wie sie sich besser nutzen lassen .... ☐
   c) Sie kündigen umfassende Sparmaßnahmen an ...... ☐

3. Ihr neues Produkt fällt bei den Kunden durch. Wie reagieren Sie?
   a) Sie verändern das Design .... ☐
   b) Sie ändern die Werbestrategie .... ☐
   c) Sie ändern alles .... ☐

4. »Die einzige Konstante im Geschäft ist der Wandel.« Sagen Sie diesen Satz
   a) gelegentlich .... ☐
   b) viermal täglich .... ☐
   c) so oft wie möglich .... ☐

5. Sie werden gefragt, welches das größte Kapital Ihres Unternehmens ist. Wie verhalten Sie sich?
   a) Sie blicken bescheiden auf Ihren Schreibtisch ...... □
   b) Sie reden darüber, wie viele Patente Ihre Firma besitzt .... □
   c) Sie sagen ohne zu zögern »Menschen« .... □

6. Ein neuer Star der Wirtschaftswelt bewirbt sich um einen Posten in Ihrem Unternehmen. Was tun Sie?
   a) Sie sagen ihm, welche Funktion er haben wird und wie viel Geld er dafür bekommen kann .... □
   b) Sie reden mit ihm über sein Golf-Handicap .... □
   c) Sie fragen ihn, was er zu Ihrem Unternehmen beitragen kann .... □

7. Sie haben umfassende Änderungsmaßnahmen eingeleitet, deren Erfolg Sie nun überprüfen wollen. Was tun Sie?
   a) Sie gratulieren sich zum massiven Stellenabbau ... □
   b) Sie prüfen, ob die Kundenbeschwerden zurückgegangen sind .... □
   c) Sie notieren sich Stichworte für die nächsten Änderungsmaßnahmen .... □

8. Assoziieren Sie folgende Worte: Wandel ist
   a) Einstellungssache .... □
   b) allgegenwärtig .... □
   c) Personalkürzung .... □

9. In Ihrer Branche taucht ein neues Unternehmen auf, das interessante Ideen und neuartige Methoden mitbringt. Wie reagieren Sie?
   a) Sie krempeln Ihre Firma um, bis sie diesem Neuling so ähnlich wie möglich ist .... □
   b) Sie beauftragen einen Analysten herauszufinden, »wer dahinter steckt« .... □

c) Sie lernen aus den Managementstrategien der anderen ...... ▪

10. Wie viele Änderungsmaßnahmen haben Sie im Laufe Ihrer Karriere eingeleitet?

a) 2 ...... ▪

b) 12 ...... ▪

c) Sie haben aufgehört, mitzuzählen ...... ▪

Auswertung

1.:	a) 1	b) 6	c) 12 Punkte
2.:	a) 3	b) 1	c) 4 Punkte
3.:	a) 3	b) 3	c) 8 Punkte
4.:	a) 2	b) 4	c) 9 Punkte
5.:	a) 22	b) 2	c) 0 Punkte
6.:	a) 6	b) 13	c) 2 Punkte
7.:	a) 8	b) 1	c) 25 Punkte
8.:	a) 1	b) 4	c) 15 Punkte
9.:	a) 4	b) 7	c) 1 Punkte
10.:	a) 2	b) 6	c) wählen Sie einen Wert.

0 ▸―――――――――――――――――――――▸ 80

Tragen Sie Ihren Wert auf der Skala ein. Je weiter rechts Sie liegen, umso begieriger sind Sie!

»Weltweit müssen Unternehmen sich einem immer turbulenteren Markt, fordernden Aktionären und zusehends kritischeren Verbrauchern stellen. Viele reagieren darauf mit einschneidenden Umstrukturierungen. Deren Erfolg steht und fällt mit der Qualität des Managements – nicht nur des gehobenen Managements an der Unternehmensspitze, sondern auch des mittleren, das für die reibungslosen Arbeitsabläufe verantwortlich ist.«[43]

Handel ist Wandel. Ohne Veränderungen geht es nicht. Die Märkte verändern sich; die Arbeitsbedingungen ändern sich; die Verbraucherwünsche ändern sich und mit ihnen auch die Produkte. All das geschieht in einer solchen Geschwindigkeit, dass wir auf verlorenem Posten stehen, wenn wir nicht schnell genug mit Veränderungen auf Veränderungen reagieren.

Dringlichkeit ist oberstes Gebot. Wieder und wieder sagen wir allen, die es hören wollen, dass wir ebenso gut gleich aufstecken könnten, wenn wir uns nicht verändern wollten. Schließlich dreht sich in der heutigen Wirtschaft alles um Wandel. Er ist das Geheimnis des Erfolgs. Wer rastet, der rostet. Wir können es uns nicht leisten, ausschließlich auf eingetretenen Pfaden zu wandern. Wir müssen Mut beweisen und vorwärts schreiten. Und das gilt nicht nur für den Moment, sondern wir müssen uns auch für die Zukunft auf Veränderungen vorbereiten. Unser Denken muss vom Wandel bestimmt sein, vom Wunsch nach Veränderung.

So weit, so gut. Veränderung ist zur magischen Formel geworden; sie ist der Zauberstab, den wir schwenken, um die bösen Mächte abzuwehren, die an unsere Firmentore pochen. Enttäuschende Bilanzen? Flüstern Sie »einschneidende Restrukturierungsmaßnahmen« bei der Aktionärsversammlung, und Sie werden tosenden Applaus ernten. Unvorhergesehenes Scheitern eines neuen Produktes? Kündigen Sie Veränderungen in der Forschungsabteilung und im Unternehmensbild an, und jedermann wird überzeugt sein, dass sich die Dinge praktisch über Nacht zum Besseren wenden werden. Ach ja, und falls Sie keine Veränderungen in Gang setzen können, sollten Sie sich vielleicht beruflich verändern.

Veränderte Bedingungen

Wir wurden uns der Notwendigkeit von Veränderungen schrittweise bewusst, als das Industriezeitalter von der Knowledge-based Economy abgelöst wurde. Unternehmensführungen, die auf Jahrzehnte erfolgreichen Wachstums zurückblickten, wurden plötzlich mit neuen – und meist unerwarteten – Hindernissen konfrontiert. Steigender Wettbewerb – wie um alles in der Welt konnten die Japaner so schnell so gut werden? – forderte eine Rationalisierung der Produktionsabläufe, Qualitätsverbesserungen, schnellere Lieferwege und einen Kundendienst, der »Weltklasse« hat. In den Bereichen Qualität, Produktion und Service waren Veränderungen vonnöten, die sowohl die Menschen als auch die Arbeitsprozesse betrafen. Mitarbeiter mussten »Qualitätsbewusstsein« entwickeln, »kundenorientierter« werden; die Arbeitsabläufe mussten »marktgerichtet« werden, Qualität sollte »eingebaut« sein, und Kundendienst müsste fortab mehr sein als ein »übler Nachgeschmack«.

> »Will ein Mensch seine Arbeit besser tun als nur gut, dann verwechselt er sein Können mit Begehren.«
>
> *William Shakespeare*

Mit weitgehender Automatisierung, größerer Produktdichte, kürzeren Lebenszyklen und einem wachsenden Bedürfnis nach Individualisierung wurde offensichtlich, dass sich in der Unternehmenslandschaft einiges verändern müsste, weil sie nach wie vor den Praktiken der Industriewirtschaft verhaftet war.

Also wurde Wandel zum Tagesordnungspunkt Nummer eins erkoren.

Alles eine Frage der Einstellung

Fast jeder Manager begann zu predigen, dass Wandel zum festen Bestandteil der Unternehmensphilosophie werden müsste. Tatsächlich verlangen Märkte, die sich über Nacht verändern, und Chancen, die nur für einen Moment aufflackern, nach einer speziellen Fähigkeit, Veränderungen wahrzunehmen. Sie können aus den unmöglichsten Richtungen kommen, weshalb wir jederzeit wachen Auges sein müssen für die Dinge, die sich jenseits unserer Mauern abspielen. Nur so können wir verstehen, welche Veränderungen neue Produkte, neue Märkte und neue Kunden uns abverlangen.

Wir reden hier nicht von weitreichenden, langfristigen Veränderungen, sondern vielmehr von der Notwendigkeit flexiblen Denkens, das uns in die Lage versetzt, weiter zu blicken als bis zum Rand jener kleinen Nische, in der sich so viele Unternehmen lange Zeit bequem eingerichtet hatten.

Und genau hier liegt das Problem. Viele Manager meinen, Flexibilität bedeute Wandel. Sie schwören auf Veränderung als einzig probates Mittel, flexibles Denken durchzusetzen. Sie erzählen überall herum, dass Erfolg eine neue Flexibilität fordere, die ihrerseits nach einem Umbruch im unternehmerischen Denken und Handeln verlangt.

Wir brauchen Flexibilität – deshalb müssen wir uns alle ändern.

Die vier Schritte des Wandels

Manager also *begrüßen* Veränderungen. Sie wissen, wie überlebenswichtig es für ihr Unternehmen ist, eine vollkommen neue Mentalität zu entwickeln. Ein Denken, das die Vergangenheit nicht länger für etwas Heiliges hält (»Wir haben es immer so gemacht, und es hat sich bewährt«), sondern nach vorn gerichtet ist. Ein Denken, das die Wichtigkeit von Flexibilität im heutigen Markt erkennt und der Sturheit entsagt.

Und nachdem die Manager Veränderungen begrüßt haben, *fördern* sie sie. Sie erklären ihren Mitarbeitern, warum Wandel für das Unternehmen überlebensnotwendig ist. Sie sagen, man könne nicht immer weiter nur schwarze Autos verkaufen, wenn der Verbraucher eine Farbwahl wünscht; man könne nicht länger darüber nachdenken, »wie wir es immer gemacht haben«, sondern müsse überlegen, »was wir besser machen können«. Also bringen sie ihren Mitarbeitern bei, dass die Arbeit nicht mehr funktionsorientiert zu sein hat und Verantwortungsbereiche nicht mehr klar voneinander abgegrenzt. Stattdessen sollte sich jeder Einzelne im Unternehmen als Kunde des Kollegen betrachten, der ihm zuarbeitet, und als Lieferant jenes Kollegen, dem er zuarbeitet. Überhaupt ist stärkere Kundenorientierung oberste Maxime – stelle deinen Kunden zufrieden, ganz gleich ob es sich um einen internen oder externen handelt.

Zum Verdruss vieler Manager treten die notwendigen Veränderungen nicht schnell genug ein. Sie werden ungeduldig und beschließen, statt zu motivieren zu *initiieren*. Also werden durchgreifende Änderungsmaßnahmen angekündigt. Topmanager und Wirtschaftsgurus werden eingeladen, der Belegschaft ihre Botschaften zu predigen. Erst wenn die Seelen der Mitarbeiter gerettet sind, kann die Rettung des Unternehmens beginnen.

Doch leider zeigten auch diese Maßnahmen nicht den Erfolg, den die Manager sich erhofften. Daher greifen sie zum ultimativen Rettungsanker: Sie *führen* Veränderungen *durch*. Endlich haben sie die Kontrolle über das, was geschieht. Und automatisch wählen sie jene Mittel, die ihnen am vertrautesten sind. Sie leiten einen großangelegten Restrukturierungs- und Rationalisierungsprozess ein. Was als ein Versuch begann, eine neue Mentalität zu entwickeln, endet als Vorwand für »Rationalisierung« – und Hunderte, wenn nicht gar Tausende von Mitarbeitern werden plötzlich auf die Straße gesetzt.

Der Wandel hat sie dem gelobten Land der Kontinuität kein Stück näher gebracht, sondern sie vielmehr in den Abgrund gestürzt, der hinter der Forderung nach schnellen Erfolgen lauert.

Wandel als Allheilmittel

Ist es da verwunderlich, dass die unzähligen Ankündigungen durchgreifender Veränderungen bei den Angestellten nicht unbedingt auf Gegenliebe stoßen? Leute, die Änderungsmaßnahmen durchgestanden haben – und T-Shirts tragen mit der Aufschrift »Ich überlebte die Optimierung der Produktionsprozesse« – haben gelernt, dass Veranderungsprozesse in den seltensten Fällen Grundlagen für zukünftige Erfolge schaffen.

Das mag das erklärte Ziel sein, denn Manager werden nicht müde zu erklären, wie wichtig Wandel ist, wenn das Unternehmen wettbewerbsfähig, profitabel und innovativ werden soll. Es wird viel davon geredet, welche Chancen die Zukunft bietet, wie man die Kunden noch zufriedener macht und wie die Marktposition zu stärken ist. Es wird viel davon geredet, wie dringend nötig Restrukturierungen, Entschlackung und Rationalisierung

> »Wandel ruft Wandel hervor. Nichts vermehrt sich schneller als er.«
>
> *Charles Dickens*

sind. Es wird viel davon geredet, dass Geschäftsziele neu formuliert, Strategien neu entwickelt und Potenziale neu ausgerichtet werden müssen.

Und sobald alles gesagt ist, werden die Worte in Taten umgesetzt – und weitere 4.000 Stellen gestrichen.

Wandel entpuppt sich letztlich als das, was er wirklich ist: Eine Aufforderung, sich einen neuen Job zu suchen!

Ohne Einfluss

Es ist eine traurige Tatsache, dass diejenigen, die am stärksten unter derartigen Maßnahmen leiden, am wenigsten Einfluss auf deren Ursachen haben.

Denn erwiesenermaßen treffen diese Änderungsprozesse

praktisch nie jene Leute, die das Unternehmen in eine Position bugsierten, die solche Prozesse notwendig werden ließ.

Wandel findet nicht auf den Chefetagen statt. Er berührt das Management nicht, sondern wird von ihm bewegt. Was sie am Wandel so sehr begrüßen, ist in Wahrheit nichts anderes als die Doktrin der Unbeständigkeit. Sie begrüßen ihn als Vorwand dafür, heute dies und morgen etwas vollkommen anderes zu tun (»Die Umstände haben sich geändert«). Sie sind fest davon überzeugt, dass Wandlungsfähigkeit bedeutet, bei den geringsten Anlässen Veränderungen in Gang zu setzen. Das geht so weit, dass viele Manager meinen, es wäre nachlässig, nicht fortwährend Dinge zu verändern. Wer nichts ändert, macht seinen Job schlecht. Änderungsmaßnahmen sind zu einem Ersatz für Unternehmensführung, für Strategien, solide Planung und vorausschauendes Handeln geworden. Und zum Allheilmittel gegen das Versagen des Managements.

Wer nichts verändert, ist aus dem Geschäft.

Wer keinen Wandel durchsetzt, beweist erbärmlichen Führungsstil.

Der berühmte »stumpfe Gegenstand«

Nun wären wir also bei des Pudels Kern angekommen: Änderungsmaßnahmen sind die Tatwaffe Nummer eins der Manager. Wandel ist längst nicht mehr Ausdruck eines Wunsches nach Flexibilität, sondern Synonym für eine Allzweckwaffe, mittels derer Stellenabbau, Re-Organisation, Re-Strukturierung und was immer sonst an Re-s gerade in Mode sein mag, durchgesetzt werden. Wenn Manager verkünden, dass Änderungsmaßnahmen ergriffen werden müssen, meinen sie in Wahrheit, dass entscheidende Dinge schief gelaufen sind und nunmehr alle den Preis dafür zu zahlen haben. Wandel ist nichts, was Unternehmen zustößt; er wird ihnen von Managern aufgezwungen, die in der Klemme stecken und nun mit dem stumpfen Gegenstand zuschlagen.

Dabei nützt es reinweg gar nichts!

Normalerweise versagen sieben von zehn Restrukturierungsmaßnahmen[44]. Selbst der Wall-Street-Guru Stephen Roach, dessen Downsizing-Theorien dazu führten, dass über eine Million Menschen aus Kostenspargründen ihre Arbeit verloren, gesteht in einem Memo für seinen Kunden Morgan Stanley, »Ich habe mich geirrt.«[45] Der Autor Peter Scott-Morgan pflichtet ihm bei: »Wie wir mittlerweile erkannt haben, kommt das Bestehen auf extremen Restrukturierungsmaßnahmen ... einem Berufsvergehen von Managern gleich. Einschneidende Veränderungen schädigen die Stabilität der Arbeitsprozesse nachhaltig.«[46]

> »Wandel ist eine Sache, Fortschritt eine andere. ›Wandel‹ ist wissenschaftlicher, ›Fortschritt‹ ethischer Natur; Wandel lässt sich nicht infrage stellen, wohingegen Fortschritt Stoff für Kontroversen liefert.«
>
> *Bertrand Russell*

Weltweit hat dieses Downsizing verheerende Folgen für Unternehmen gehabt. Sie haben ihre Arbeitskräfte reduziert und damit das intellektuelle Kind mit dem industriellen Bad ausgeschüttet. Niemand kann sagen, wie viel Wissen und Know-how den Firmen verloren gegangen ist, die sich zum Downsizing verpflichtet fühlten, weil alle anderen es auch taten.

Manager haben auf die (vermeintlichen) Erfolge der anderen geschielt, haben sich von ihrer Begierde leiten lassen, das zu besitzen, was die Newcomer der Wirtschaft offenbar besaßen. Und um mit ihnen Schritt zu halten, war ihnen jedes Mittel recht.

> »Exzessiver Reichtum ist die Ursache aller Begierde.«
>
> *Christopher Marlowe*

Das Schlimmste jedoch ist, dass sie nun erkennen müssen, welches unersetzliche Wissen sie im Verlaufe all der Umstrukturierungsprozesse eingebüßt haben. Und sie stellen fest, dass es ihnen ohne das Wissen all der Leute, die sie entließen, so gut wie unmöglich geworden ist, auf dem heutigen Markt mitzuhalten. Sie brauchen Kreativität – doch sie haben die Menschen herausgeworfen, die diese Kreativität hätten liefern können.

Verändert euch, sonst ...

Die meisten Änderungsprozesse gehen mit massiven Drohungen einher – auch und gerade solche, die dringend notwendig sind, um das Überleben eines Unternehmens zu sichern. Den Leuten wird gesagt, sie müssten sich ändern – häufig werden ihnen sogar die Gründe dafür genannt – und im selben Atemzug droht man ihnen, sie wären nicht länger gern gesehen, wenn sie es nicht täten.

Lässt sich mit Angst eine kreative Arbeitsatmosphäre gestalten? Hebt man die Motivation, indem man seinen Angestellten bedeutet, dass der Weg in die Arbeitslosigkeit gepflastert ist mit den besten Absichten, die Dinge zum Besseren zu wandeln?

Wie oft *können* Menschen sich eigentlich verändern? Dies ist die zentrale Frage, denn das Management meint mit Veränderungen, dass die Ziele von heute nicht die von morgen sein werden. Was unser Unternehmen sich heute vornimmt, wird morgen eventuell schon wieder verworfen. Und obgleich die meisten Mitarbeiter nachvollziehen können, dass man mit der Vergangenheit brechen muss, werden sie sich dennoch wünschen, diese Vergangenheit würde länger als nur ein paar Wochen dauern.

Management als steter Wandel – insbesondere wenn dieser Wandel einzig von oben ausgeht – kann die Moral eines Unternehmens nachhaltig beschädigen. Doch ist die Moral erst mal angeknackst, leiden auch die Arbeitsprozesse.

Erzwungener Wandel schafft Instabilität und stiftet Verwirrung. Darauf wiederum reagieren die Leute mit eben jener vehementen Abwehr, die man doch ursprünglich vermeiden wollte.

Leib oder Seele?

Wer den Wandel begrüßt, gibt zu erkennen, dass er das Umfeld der Wirtschaft nicht als statische Größe wahrnimmt. Er sieht das stete Auf und Ab – manche reden sogar von Flutwellen! – in dem sich Unternehmen bewegen. Veränderungen wollen, heißt, eine neue Mentalität zu entwickeln. Und zwar eine, die sich von der Vergangenheit frei und für die Zukunft bereit gemacht hat.

Das Problem des Managers besteht darin, dass eine Änderung der Einstellung etwas ist, das sich schwerlich – wenn überhaupt – erkennen lässt. Wie kann man je sicher sein, dass die Angestellten ihre Denkweise geändert haben?

> »Nichts lässt sich wandeln, ohne dass damit Unbequemlichkeiten verbunden wären – nicht einmal zum Besseren.«
>
> *Richard Hooker*

Woher will man wissen, ob die Mitarbeiter wirklich die feinabgestimmten, hochmotivierten, qualitätsbewussten und zuverlässigen Maschinen sind, die man sich wünscht? Gewiss wünscht sich mancher Manager, er könnte die Gedanken seiner Untergebenen lesen. Doch natürlich weiß er, dass ihm diese auf ewig verschlossen bleiben werden. Und die Enttäuschung darob ist nicht unerheblich: Nicht nur können sie nicht mit Sicherheit wissen, ob ein Angestellter seine Einstellung ändert, sie können nicht einmal wissen, ob er sie so verändert, wie sie es sich vorstellen. Es gibt keine Skala, auf der sich Mentalitätswandel darstellt, keine Grafiken, anhand derer man überprüfen kann, wie sich die Motivation hebt, und keine Tests, mit welchen man flexiblem Denken nachspürt.

Was die Gedanken betrifft, ist man auf Vertrauen zurückgeworfen. Doch gerade Vertrauen ist in Manager-Angestellten-Beziehungen meist Mangelware. Wie um alles in der Welt sollte ein Manager dazu kommen, seinen Angestellten zu trauen? Was veranlasst ihn, ihnen bessere Produktionsergebnisse, freundlicheren Umgang mit Kunden, höhere Motivation zuzutrauen? Manager brauchen greifbare Beweise dafür, dass sich etwas ändert. Sie wollen Zahlen, die sie im Vorstand, vor den Aktionären, Kunden und Lieferanten herumzeigen können. In einer Welt, in der einzig harte Fakten entscheidend sind, dürfen Aspekte wie Denken und Motivation nicht dem Vertrauen überlassen bleiben. Und deshalb ist der Versuch, eine Motivationsverbesserung innerhalb des Unternehmens nachzuweisen, zum Scheitern verurteilt. Vertrauen lässt sich nun einmal weder nachweisen noch in Zahlen benennen.

Hinzu kommt, dass Vertrauen keine einseitige Angelegenheit ist. Und Angestellte sind keineswegs bereit, ihrem Management zu vertrauen. Warum sollten sie einem Manager vertrauen, der Änderungsmaßnahmen ankündigt, mit denen er die Motivation heben will, während er eigentlich drastische Maßnahmen plant, die zu Stellenabbau führen? Wie wollen sie einem Manager trauen, der davon redet, die Seele des Unternehmens zu retten, jedoch mit dem Skalpell auf seinen Körper losgeht? Und wie wollen sie jemandem Vertrauen schenken, der ihnen sagt »jetzt« wäre Wandel lebenswichtig (obwohl er dasselbe schon letztes, vorletztes und vorvorletztes Jahr verkündet hat)? Und wie kommt ein Angestellter dazu zu glauben, dass die »jetzigen« Veränderungen das Unternehmen stärken werden, wenn die bisherigen nur zu Entlassungen, Kundenverlusten und Umsatzeinbußen geführt haben? Woher will er wissen, dass es ausgerechnet diesmal besser wird als bei den vorherigen Malen?

Manager und Angestellte haben sich darauf konzentriert, Veränderungen zu begrüßen, und dabei hätten sie eigentlich daran arbeiten müssen, ein beidseitiges Vertrauensverhältnis aufzubauen.

»Durch Veränderungen werden akzeptierte Bräuche oft zu Verbrechen.«

Mason Cooley

Der Manager, der »Wandel« schrie

Nun, um ehrlich zu sein, dürfte Vertrauen so ziemlich das Letzte sein, was innerhalb Unternehmen möglich ist. Zu viele Manager haben zu oft »Wandel« geschrieen. Sie geben den neuesten Änderungsmaßnahmen spannende Namen – »Operation Turnaround«, »Operation Unternehmensrettung« oder »Operation Excite« – und erwarten, dass die Mitarbeiter sich immer wieder auf Versuche einlassen, die Seele des Unternehmens zu retten, während es in Wirklichkeit wieder einmal der Körper ist, der rigide Behandlungen über sich ergehen lassen muss. Zugleich kommen die Manager zu dem Schluss, dass es weit weniger frustrierend ist, sich auf Veränderungen im Unternehmenskörper zu konzentrieren, anstatt sich seiner Seele anzunehmen. Zumindest gewinnen sie dadurch schneller sichtbare Resultate.

»Glaubt, was ich sage, nicht, was ich tue«

Dieser fortwährende Widerspruch zwischen Leib und Seele schlägt sich auch andernorts nieder. Nämlich in der Art und Weise, wie Manager ihre Angestellten sehen.

Mittlerweile gilt es als politisch korrekt, von seinen Mitarbeitern als dem größten und wertvollsten Kapital eines Unternehmens zu sprechen. Man betont wieder und wieder, dass es die Angestellten sind, denen ein Unternehmen seinen Erfolg verdankt. So kursierte kürzlich ein Slogan bei Royal Philips Electronic, der da lautete: »Philips macht Elektronik, aber Menschen machen Philips.« Vergleichbare Slogans findet man auf allen Fluren aller Unternehmen überall auf der Welt. Die Menschen in den Betrieben werden also ernst genommen. Aber was geschieht, wenn immer weniger Menschen nötig sind, um diese Betriebe aufrechtzuerhalten? Sind diese Menschen dann immer noch wertvoller als alles andere? Oder sind sie eventuell genauso veräußerbar wie Immobilien, Fahrzeuge und die Produkte der letzten Saison?

Wandel – und die Entschlossenheit, ihm mit offenen Armen zu begegnen – trägt die Hauptschuld an der Verwirrung, die heute in den Köpfen der Angestellten herrscht. Ihnen wird erklärt, dass Wandlungsfähigkeit eine Frage der inneren Bereitschaft ist, während sie in Wirklichkeit etwas mit der äußeren Bereitschaft zu tun hat, Menschen zu entlassen. Diese Menschen mögen unter Umständen das wichtigste Kapital eines Unternehmens sein, doch sie sind die ersten, die gehen müssen, wenn die Zeiten rau werden.

Manager erwarten, dass ihren Worten geglaubt wird, obgleich sie in eklatantem Widerspruch zu ihren Taten stehen.

»Ich widerstehe der Veränderung, selbst wenn ich nach ihr rufe.«

Mason Cooley

Sie bitten ihre Angestellten, ihnen blind zu vertrauen – und stoßen sie von der Klippe. Dies ist wahrscheinlich nicht der geeignete Weg, Arbeitskräfte zu motivieren.

Sind Angestellte Kapital?

Wie sich die Wirtschaft von der industriellen Produktion hin zur Knowledge-based Economy wandelt, verändert sich auch unsere Wahrnehmung. In der industriellen Vergangenheit waren Menschen lebenswichtig für den reibungslosen Betriebsablauf. Sie waren ebenso wichtig wie Maschinen, Fabriken und Warenhäuser. Wenn mehr Arbeitskräfte gebraucht wurden, stellte man sie ein; wenn weniger nötig waren, feuerte man sie. Menschen waren Kapital – greifbare Mittel, die ebenso leicht zu ersetzen waren wie alle anderen Mittel auch.

Doch dann änderten sich die Dinge. Mit fortschreitender Automatisierung spielten manuelle Arbeiten eine immer kleinere Rolle. Also versprach man den Leuten ein neues Utopia: ein Ort, an dem sie genau das machten, was sie am besten konnten – denken! Menschen wurden nicht länger mit greifbaren arbeitenden

Händen gleichgesetzt, sondern mit nicht-greifbaren denkenden Köpfen.

So sah zumindest die Theorie aus.

Die Veränderungsmaßnahmen jedoch, die von Managern ergriffen wurden, zeigen uns, dass wir genau genommen immer noch im Industriezeitalter feststecken. Wandlungsprozesse zielen angeblich auf den Geist, während sie nach wie vor gegen den Körper gerichtet sind, sehen sie in den Angestellten doch nichts als die arbeitenden Hände. Und die lassen sich mühelos durch andere ersetzen.

Ja, wir sehen hier die archaischste Form industriellen Denkens. In dieser Form kann es nicht anders als destruktiv sein.

Erschwerend hinzu kommt, dass die Sicht des Managers auf seine Mitarbeiter ständigen Wechseln unterworfen ist. Gehen die Geschäfte gut, werden Angestellte als immaterielle Werte betrachtet, die unschätzbare Beiträge zur Wissensbasis des Unternehmens leisten; sobald sich die Geschäfte schleppen, sacken die Mitarbeiter in der Wertschätzung der Manager deutlich ab und werden wieder zu materiellen Gütern.

Na ja, es ist ja schließlich nicht verboten, dass ein Manager seine Meinung ändert, oder?

Wir müssen unsere Sichtweise ändern

Nun, Manager ändern ihre *eigene* Sichtweise grundsätzlich nie. Sie bleiben ihrem Hang zu permanenten Veränderungen treu. Und das ist fatal in einem Wirtschaftssystem, das auf Wissen baut.

Können wir Gehirne ebenso leicht austauschen wie Körper? Bevor Sie jetzt entrüstet »Natürlich nicht!« rufen, sollten Sie darüber nachdenken, was ein Denken in Kategorien von Wissen statt von manueller Leistung impliziert. Wenn wir Mitarbeiter nicht mehr an ihren manuellen Leistungen, sondern an ihren mentalen Fähigkeiten messen wollen, können Änderungsmaßnahmen sich nicht auf das beziehen, was die Leute tun, sondern wie sie denken. Das bedeutet, wir verzichten auf greifbare Beweise für den Erfolg unserer Maßnahmen und verlassen uns ausschließlich auf unser Vertrauen in die immateriellen Erfolge.

Und damit ist es nicht getan. Wir müssen die Art, wie wir Angestellte betrachten, grundlegend verändern. Können wir ernsthaft von einem »Human Resources Management« sprechen, wenn wir glaubwürdig vertreten wollen, dass wir an den Leuten ihren Verstand schätzen? Können wir von Funktionen reden, als wären Menschen darauf programmiert, bestimmte Aufgaben zu erfüllen? Als wären sie Arbeiterbienen, denen ihre Waben genauestens zugeteilt sind?

Wir können nicht. Womit wir bei dem schwerwiegendsten Problem für all jene Manager angelangt wären, die dem Denken des Industriezeitalters verhaftet sind: Menschen müssen wie Individuen behandelt werden. Diese Sichtweise steht allerdings im diametralen Gegensatz zu allen bisherigen Managementkonzepten, weshalb viele Manager sich damit überaus schwer tun. Selbstverständlich würden sie niemals offen zugeben, dass Angestellte für sie keine Individuen sind. Natürlich sehen sie deren einzigartige Ideen und deren Wissen. Und dennoch dient ihnen die vermeintliche Wertschätzung individuellen Denkens nur mehr als Tarnmantel, unter welchem sie ihre tradierte Handlungsweise verbergen. Wenn sie verkünden, »Wir müssen unsere Sichtweise ändern«, zählen sie in Wahrheit ab, wie viele Leute sie opfern können. Wenn sie vorgeben, dass bei den Menschen vor allem der Verstand zählt, rechnen sie sich aus, wie viele Köpfe mit wie viel Verstand entbehrlich wären.

»Ohne Umschweife«

Stellen Sie sich folgende Situation vor: Eines Tages trudelt ein Brief von Ihrem Arbeitgeber ein, in dem er Ihnen erklärt, dass einschneidende Veränderungen erforderlich sind. Er schreibt Ihnen, dass ohne gravierende Änderungsmaßnahmen ein Konkurs des

Unternehmens droht. Und Sie zählen zu jenen Angestellten, deren Job gegenwärtig auf wackligen Beinen steht. Daher bietet er Ihnen folgende Alternativen: Sie können freiwillig aus der Firma ausscheiden und sich eine Abfindung auszahlen lassen, die sich nach der Dauer Ihrer Tätigkeit richtet; oder Sie warten ab, wie sich die Dinge entwickeln und ob Sie eventuell zu den wenigen Glücklichen gehören werden, die ihren Job behalten, oder nicht. Ach ja, und außerdem steht da noch, dass man sich nicht wirklich von Menschen trennen wird, sondern lediglich 6250 Funktionen abschafft. Sie brauchen diese Sache also nur auszusitzen und abzuwarten, ob Ihre Funktion nach der Restrukturierung noch vorhanden sein wird. Um eventuellen Missverständnissen vorzubeugen, steht da noch, dass man weder die Fähigkeiten noch die Verdienste einzelner Angestellter berücksichtigen kann, da es bei den Kürzungen nicht um Mitarbeiter, sondern um Funktionen geht. 6250 Funktionen werden wegfallen – und mit ihnen Arbeitsplätze für 8000 bis 9000 Menschen.

Körper oder Verstand?

Einen solchen Brief erhielten gut 22.000 holländische Angestellte der größten Triple-A-Bank in Holland im September 2001. Die Reorganisation kam keineswegs überraschend: Die meisten der Angestellten wussten, dass man etwas unternehmen musste, um das Bankhaus wettbewerbsfähiger und effizienter zu gestalten. Zum fraglichen Zeitpunkt war die Bank zu groß und zu schwerfällig; sie war alles andere als ein schlankes, flexibles Unternehmen. Doch mittlerweile regen sich ernste Zweifel an der Art und Weise, wie die Verbesserungsmaßnahmen bisher durchgeführt wurden.

Man sollte meinen, eine Bank – insbesondere eine, die zu den zwanzig größten Geldinstituten weltweit gehört – hätte einen sichereren Instinkt für Wissensökonomie. Stattdessen startete man einen Wandlungsprozess, der sämtliche Züge eines Lotteriespiels trägt. Das gegenwärtige Management ist wild entschlossen, eine Bank zu schaffen, die bessere Zukunftsaussichten hat und einen besseren Shareholder Value bietet, und dennoch scheint am Ende eine Bank dabei herauszukommen, in der demotiviertes und antriebsarmes Personal schlechten Service leistet – mithin ein zweitklassiges Geldinstitut mit angeschlagener Stabilität.

Die Bank hatte sich dafür entschieden – in Absprache mit der zuständigen Gewerkschaft – seine Angestellten als Körper zu behandeln. Sie haben sich darüber verständigt, welche Funktionen in einem verschlankten Unternehmen entfallen können, nicht aber darüber, welche Leute dadurch entbehrlich werden. Tatsächlich ging die Bank so weit zu behaupten, dass die Eignungen der Angestellten im Entscheidungsprozess keine Rolle spielen sollten.

Leistung ist kein Kriterium

Wie lautet also die Botschaft, die bei den Angestellten ankommt? Ganz einfach: Der Bank ist vollkommen gleichgültig, wie gut oder schlecht ihre bisherigen Leistungen ausfielen. Man wird die verbleibenden Angestellten nicht nach ihren Verdiensten auswählen. Erfahrung, Wissen, Fähigkeiten, Loyalität oder Können sind unerheblich. Es geht einzig und allein um Funktionen; Menschen, deren bisherige Funktionen abgeschafft werden, werden entlassen.

Selbstverständlich wird die Bank behaupten, dass gerade indem sie ihre Entscheidungen auf Funktionen stützt, sie sich so fair wie möglich verhält. Funktionen auszulöschen bedeutet, das Management konzentriert sich ausschließlich darauf, was in dem runderneuerten Geldinstitut noch gebraucht wird und erspart ihm, zwischen Herrn X und Herrn Y wählen zu müssen. Denn vielleicht ist Herr X schon seit sechzehn Jahren bei der Bank und hat zwei Kinder, die demnächst mit dem Studium beginnen werden, während Herr Y vielleicht erst seit kurzem dabei ist, dafür in einer Position arbeitet, die für die Bank maßgeblicher ist. Da sich das Management auf die Funktionen der beiden Männer beschränkt, braucht sie sich für deren Schicksal nicht verantwortlich zu fühlen.

Merkwürdigerweise sehen Angestellte die Sache vollkommen anders. Sie meinen, all die Zeit, Energie und Arbeit, die sie der Bank geopfert haben, wäre nicht bedeutungslos. Aber sie stellen fest, dass es für ihre Vorgesetzten keinen Unterschied macht, ob sie ihren Job gut oder schlecht erledigen. Sie könnten ruhig anfangen, Dinge liegen zu lassen. Viele weigern sich bereits, Aufgaben für Kollegen zu übernehmen – besonders wenn diese Kollegen zufällig zu den 25 Prozent gehören, die die Bank auch in Zukunft für unentbehrlich hält (und somit nicht zu jenen, die mit einem vergoldeten Handschlag in die Wüste geschickt werden).

Gehirne zu verkaufen

Das Problem bei der Personalreduzierung ist, dass man zugleich die denkenden Köpfe reduziert. In einem heftig umkämpften Markt wie dem internationalen Bankgeschäft, wo vor allem auf Wissen gesetzt wird, sind kluge Köpfe von unschätzbarem Wert. Die Menge an Verstand und Wissen, die einer Bank zur Verfügung stehen, ist weit entscheidender als die Anzahl der Menschen, die sie beschäftigt. Maßnahmen zur Lohnkostenreduzierung laufen häufig darauf hinaus, dass letztlich nur noch eine Steigerung des Shareholder Value den Ausschlag gibt. Doch die Mitarbeiterzahl zu reduzieren, ohne dabei die Qualitäten der einzelnen Mitarbeiter zu berücksichtigen, schafft nicht unbedingt ein solides Fundament für die Zukunft.

Darüber hinaus werden sich am ehesten diejenigen auf eine Entlassung mit einer großzügigen Abfindung einlassen, die sich ihrer Fähigkeiten sicher sind und entsprechend zuversichtlich, einen neuen Job zu finden. Mit anderen Worten: Die Bank ermutigt gerade die besten Leute zum Gehen! Die holländische Bank hat sich mit ihrer »Operation ohne Umschweife« direkt zurück ins Industriezeitalter katapultiert. Sie behandeln Menschen als funktionierende Arbeitskräfte und nicht als die denkenden Köpfe, die sie sind. Sie sehen einzig die Zahl der Angestellten, nicht aber deren individuelle Erfahrungen, Wissen und Motivation.

Dieses Rezept eignet sich gerade mal für drittklassige Maßnahmen in Zeiten, da das Erstklassige knapp gut genug ist.[47]

Ein Gesinnungswandel

Unter dem ersten Eindruck der negativen Reaktionen auf das Schreiben an die Mitarbeiter gab ABN-AMRO-Vorstand Rijkman Groenink öffentlich zu, dass er die Sache wohl falsch angegangen war. »Dieses Schreiben hat viel Wut hervorgebracht«, wird er zitiert, »und ich bedaure das aufrichtig. Wir hatten einfach nicht gesehen, wie hart diese Botschaft wirkte. Natürlich waren nicht alle Leute, die dieses Schreiben erhielten, in dem stand, sie wären ›entbehrlich‹, damit automatisch entlassen – und doch haben sie es genau so aufgefasst. Unsere Mitarbeiter hielten sich plötzlich für dem Untergang geweiht. Diejenigen, die an den Verhandlungen beteiligt waren, einschließlich der Gewerkschaftsrepräsentanten, hatten diese Folgen nicht kommen sehen. Rückblickend wissen wir, dass wir allen dieselbe Chance hätten bieten müssen. Wir hätten diese Entscheidungen nicht von oben treffen dürfen. Vielleicht hätten uns Leute verlassen, die wie lieber behalten hätten. Doch ganz gewiss hätten wir heute nicht all diese verärgerten und demotivierten Angestellten.«[48]

Ein Wandel im Bankenumfeld

Das Bankgeschäft steht heute unter einem gewaltigen Druck. Ein Blick auf die jüngsten Schlagzeilen zeigt uns, wie finster es um die Geldinstitute bestellt ist. »JP Morgan axes jobs as it seeks 20% cut in cost.«[49] (»JP Morgan baut Stellen ab, um eine 20-prozentige

Kostenreduzierung zu erreichen«, *Anm. d. Übers.*) Aus den Artikeln erfahren wir, dass allein die ersten beiden Entlassungswellen 7.000 der insgesamt 102.000 Mitarbeiter von JP Morgan und Chase den Job gekostet haben. Das ist die höchste Kündigungsquote, die es jemals in einer Bank gab. Zugleich wird darauf hingewiesen, dass Dresdner Kleinwort Wasserstein absoluter Spitzenreiter bleibt, haben sie doch allein in diesem Jahr (2001) mit 8.500 Leuten mehr als 17 Prozent ihrer Belegschaft vor die Tür gesetzt.

Investmentbanken wie Goldman Sachs, Merril Lynch und JP Morgan haben ihre Hauptaktivitäten drastisch eingeschränkt. Im Herbst 2001 wurde den Angestellten von JP Morgan mitgeteilt, dass zusätzlich zu den 3.000 bereits bekannten Entlassungen noch weitere 3.000 geplant wären. Das heißt, dass im Jahre 2001 nicht weniger als 25.000 Angestellte von Investmentbanken ihre Stellen verloren.

Was bei der holländischen Triple-A-Bank geschah, entspricht also dem vorherrschenden Trend im Bankgeschäft. Ob allerdings die Methode, Quantität über Qualität zu setzen, sinnvoll war, bleibt abzuwarten.

Skandias erfolgreiche Verjüngung

Skandia ist ein 1855 gegründeter Versicherungskonzern mit Hauptsitz in Schweden. Schon bald war das Unternehmen zu einer Art nationaler Institiution geworden, die Generation auf Generation Arbeitsplätze bot. Doch in den Neunzigern beschloss die Konzernführung, das Unternehmen zu modernisieren. Man wandte sich vom ursprünglichen Geschäft – Eigentums- und Unfallversicherungen – ab und verlegte sich auf Lebensversicherungen, insbesondere Rentenpapiere und Investmentfonds. Obwohl mit dieser Modernisierung die Belegschaft um knapp ein Drittel reduziert wurde, beschäftigt der Konzern immer noch fast 8.000 Leute, von denen allerdings nur noch ein Drittel in Schweden arbeitet. Zu 90 Prozent wird das Geschäft im Ausland abgewickelt.

Doch der größte Wandel vollzog sich in der Art und Weise, wie Skandia seine Mitarbeiter behandelt. Sie waren eines der ersten Unternehmen, die den Wert des intellektuellen Kapitals erkannten und Methoden entwickelten, wie dieser Wert für das Unternehmen als Einheit zu ermitteln ist. Skandia erläutert es wie folgt: »Die richtige Einstellung entscheidet, ob jemand angestellt wird oder nicht, und wir übernehmen die Ausbildung. Oder aber wir stellen Leute ein, die schon richtig gut sind, und lassen sie das tun, was sie können.«[50]

In einem unlängst erschienen *Fortune*-Artikel[51] erinnert sich Ole Remsted, Leiter der Human-Resources-Abteilung und einer der Gestalter der Personalpolitik bei Skandia: »Mitte der Neunziger befand Skandia sich in einer finanziellen Krise und war gebeutelt von feindlichen Übernahmeversuchen. Damals wurde die Idee geboren, ›wir lassen die Menschen Verantwortung übernehmen und allein entscheiden, was sie für richtig halten‹, statt ihnen immerzu zu sagen, was sie machen sollen. ›Viele neue und gute Ideen stammen von unseren Mitarbeitern, weil sie das Gefühl haben, die Dinge mit zu kontrollieren. Wir könnten nicht wieder zu der alten Kommando-und-Kontrolle-Methode zurückkehren.‹«

Wandel ist wichtig

Gewiss ist es lebenswichtig, dass wir Wandel begrüßen. Er ist wesentlich für Unternehmen, die in Zukunft überleben wollen. Doch dieser Wandel sollte ein wissensorientierter sein und kein aus der Industriewirtschaft übernommener.

Es sollte ein Wandel sein, der sich an die Köpfe der Menschen wendet, nicht an ihre Körper.

»Ein Fanatiker ist ein Mensch, der seine Ansicht nicht ändern kann und der das Thema nicht wechseln will.«

Sir Winston Churchill

Manager müssen begreifen, dass außerhalb ihrer Unternehmen kontinuierlich Wandel stattfindet. Ihn zu begrüßen, heißt, ein Denken zu fördern, das schnelle, flexible und profitable Reaktion darauf ermöglicht.

Doch es bedeutet keineswegs, dass Unternehmen sich von einem Wandlungsprozess zum nächsten hangeln müssen. Manchmal sind Veränderungen das Letzte, was einem Unternehmen gut tut. Dabei ist es genau das, was geschieht, wenn Wandel zu einer reinen Managementangelegenheit wird – wir werden heute dies ändern, morgen das und übermorgen jenes. Dann wird Wandel zur Sünde.

Und zwar zu einer Sünde, die es um jeden Preis zu meiden gilt.

Fallstudien

Sünder: Ford

Die Ford Motor Company symbolisiert wahrscheinlich mehr als irgendein anderes Unternehmen auf der Welt die Industriewirtschaft. Doch unlängst stellte man dort fest, dass man unmöglich so weiterarbeiten könnte, wie man seit Anbeginn gearbeitet hatte. Der wachsende Wettbewerb, zunehmender Preisdruck und immer höhere Ansprüche an Ausstattung und Umweltfreundlichkeit, machen es der Automobilindustrie nicht eben leicht.

Also begann man bei Ford, das Unternehmen vollkommen neu zu erfinden. Man stellte ziemlich schnell fest, dass mit dem bloßen Verkauf von Wagen nicht allzu viel Geld zu machen ist. Der wirkliche Umsatz verbirgt sich vielmehr in Finanzierungen, Versicherungen, Projektmanagement und so fort.

Daher verkündete Ford, man »würde radikale Umgestaltungen vornehmen, um den Kunden Erfahrung anstelle nur eines fertigen Produktes anzubieten. Der Fahrzeugteilebau wird in ein anderes Unternehmen, Visteon, ausgegliedert, das eventuell späterhin veräußert werden wird. Außerdem werden Subunternehmer weitere Verantwortungsbereiche der Automobilfertigung übernehmen. Zugleich werden Reparaturunternehmen gekauft, wie beispielsweise der Kwik-Fit Auspuff- und Bremsenservice in Europa, sowie ein Autorecyclingunternehmen in Amerika und der Kundendienstbereich des japanischen Autobauers Mazda. Man hat sogar einen Vertrag unterschrieben, mittels dessen man Autofahrer zukünftig gegen monatliche Gebühren mit Satellitenradio und anderen Services ausstatten will. Diese Leistungen gliedern sich nahtlos an die bereits vorhandenen Finanzierungsangebote und die Unternehmenstochter Hertz an. Während Autobauer sich schon freuen können, wenn sie eine Gewinnspanne von 5 Prozent erreichen, erreichen die Bereiche Leasing, Autovermietung und Reparaturdienste 10 bis 15 Prozent Gewinnspanne.«[52]

Ford fing an, sich als »weltweiter Anbieter von Produkten und Dienstleistungen rund um die Mobilität« zu stilisieren. Offenbar hatte man das Wort »Auto« bei Ford aus dem Wortschatz gestrichen!

Doch dann ...

Ach Gott, dabei klang alles so vielversprechend. Aber kürzlich kündigte Ford an, man habe sich von seinen Plänen verabschiedet und wolle nun »zum Kerngeschäft zurückkehren«. Heilige oder Sünder – entscheiden Sie.

Heilige: Nokia

Zugegeben, ein Unternehmen, das 1865 als Papierfabrik begann und heute Weltführer in Mobiltelefonen ist – der sogar dreimal so viele Telefone verkauft wie sein härtester Konkurrent, Motorola – muss in seiner 140-jährigen Unternehmensgeschichte die eine oder andere einschneidende Veränderung durchgemacht haben. Und das kann man laut sagen: vom Papier zum Gummi zum Kabel und schließlich in die Hightechwelt der Mobiltelefone. Dennoch verdankt Nokia seine Position unter den Top Ten der *Fortune*-Liste nicht eigentlich seiner Offenheit für Veränderungen; vielmehr ist die ungebrochene Bereitschaft zur Flexibilität für den beachtlichen Erfolg des Unternehmens verantwortlich.

Die »Nokia-Methode« als Firmenphilosophie betont Aspekte wie Offenheit, Integrität, Teamwork, Bescheidenheit und Verantwortungsbewusstsein. Und die vorstechende Eigenschaft, die auf manch einen Newcomer recht entmutigend wirken kann, ist Flexibilität. Ein britischer Mitarbeiter beschrieb es mit folgenden Worten: »Du fängst bei Nokia an, aber keiner gibt dir eine richtige Stellenbeschreibung. Du weißt nicht, wer dein Boss ist. Also lebst du in einem Zustand permanenter Verwirrung – und das hört nie auf. Du musst dich einfach damit arrangieren.«[53] Andere Angestellte berichten, dass Jobrotationen die Regel sind – einige meinten, sie müssten sich alle zwei Jahre neue Visitenkarten drucken lassen. Mitarbeiter, die an Unternehmen gewöhnt sind, in denen das Motto lautet »immer weiter nach oben kommen«, dürften milde überrascht sein, wenn sie feststellen, dass es bei Nokia tatsächlich gern gesehen wird, dann und wann »die Leiter hinunterzuklettern«. Topmanager, ja sogar Vizepräsidenten, werden angehalten, unterschiedliche Jobs innerhalb des Unternehmens zu machen, um Erfahrungen in neuen Geschäftsbereichen zu sammeln.

Desgleichen werden Mitarbeiter ermutigt, ihr Arbeitsumfeld so ansprechend wie möglich zu gestalten. Der Nokia-Hauptsitz in Helsinki ist ein imposanter Bau, doch wirklich interessant wird es erst im Inneren. Zu den Einrichtungen für die Angestellten gehören eine Sauna, eine günstige Cafeteria sowie eine Sanitätsstation für medizinische Erstversorgung – kostenfrei und mit einem atemberaubenden Blick über die Bucht und die Innenstadt von Helsinki. Und trotzdem arbeiten einige der Angestellten lieber irgendwo in Schottland oder sogar in Los Angeles.

Bei Nokia sind Management-Gurus ein Luxus, auf den man gut und gern verzichten kann. Warum Wandel predigen, wenn er einem Unternehmen sowieso in die Wiege gelegt war? Und vielleicht ist es diese tief verwurzelte Flexibilität, die Nokia die nötige Reaktionsschnelligkeit erlaubte in einem Geschäft, in dem Schnelligkeit alles ist.

5

Die fünfte Todsünde:
Völlerei um jeden Preis

Alle schlucken
und trotzdem immer mehr wollen

Blicken wir den Tatsachen ins Auge: Wir leben in einer Wissensökonomie. Daher ist es nur logisch, dass man umso erfolgreicher
sein kann, je mehr Wissen man besitzt. Das ist so simpel wie das
ABC. Die einzige Schwierigkeit besteht darin, dass, sobald man sich
einen Teil des Wissens gesichert hat, ein neues daherkommt und
seinen Platz einnimmt. Also brauchen wir dieses neue Wissen ebenfalls. Völlerei kann keine Sünde sein, so lange man damit Besitz
meint. Immerhin wurde bisher noch kein Unternehmen groß (und
wichtig), ohne andere gekauft oder übernommen zu haben. Teufel
noch mal – wenn wir es nicht machen, macht es ein anderer. Je
mehr man übernimmt, desto besser. Und am besten ist, wer am
meisten hat.

* * * * *

Der Völlerei-Check

Sind Sie gewillt, Ihr Unternehmen zum größten, besten und fettesten zu machen? Wollen Sie Unabhängigkeit erreichen, indem Sie sich so viel Intellektuelles Eigentum sichern, wie irgend möglich ist? Dann machen Sie sich unter Umständen der Sünde der Völlerei schuldig. Beantworten Sie die nachfolgenden Fragen aufrichtig, und finden Sie heraus, wie unersättlich Sie sind.

2. Ihr Hauptkonkurrent kündigt an, dass er in den nächsten Monaten ein neues Betriebssystem einführen will. Was tun Sie?
   a) Sie raufen sich die Haare und schreien jeden an, der in Ihr Büro kommt .... ☐
   b) Sie lächeln und sagen, »Das wird sowieso nichts« ☐
   c) Sie weisen Ihre Anwälte an, das Konkurrenzunternehmen zu kaufen .... ☐

2. Ihr IP-Manager (Intellectual Property) bittet Sie um ein Gespräch. Wie reagieren Sie?
   a) Sie sagen Ihrer Sekretärin, dass sie das für Sie erledigen soll .... ☐
   b) Sie sagen überrascht, »Ich wusste gar nicht, dass wir so was haben« .... ☐
   c) Sie reden mit ihm über Strategien, wie sich das Intelligenzpotenzial des Unternehmens besser nutzen lässt .... ☐

3. Ihr Unternehmen hält eine Menge Patente. Wie gehen Sie damit um?
   a) Sie verteidigen sie mit Zähnen und Klauen .... ☐
   b) Sie vergeben Lizenzen an die Konkurrenz .... ☐
   c) Sie fragen, »Was sind Patente?« .... ☐

4. Wie viele Unternehmen hat sich Ihre Firma in den letzten drei Jahren einverleibt?
   a) 3 .... □
   b) Zu wenige .... □
   c) Zu viele .... □

5. Sie müssen innerhalb kurzer Frist ein neues Produkt auf den Markt bringen. Was tun Sie?
   a) Sie erzählen der Belegschaft, dass alle Über-
      stunden machen müssen .... □
   b) Sie gehen mit einem Ihrer Konkurrenten ein
      Joint-Venture ein .... □
   c) Sie kaufen das Konkurrenzunternehmen .... □

6. Sie entwickeln gerade ein neues Produkt. Ist es für Sie
   a) ein Weg, Ihr vorhandenes Wissen zu vermehren ... □
   b) ein Weg, das Unternehmenswachstum zu fördern □
   c) ein Weg, die Konkurrenz in Grund und Boden zu
      stampfen .... □

7. Langfristige Stabilität bedeutet
   a) alles Wissen über alle Produkte zu besitzen .... □
   b) eine Weltklasse-Forschungsabteilung aufzubauen ... □
   c) zu wissen, wer was weiß .... □

8. Sie entwickeln eine Wissensmanagementstrategie und planen, in großem Umfang in das Intelligenzpotenzial Ihres
   Unternehmens zu investieren. In welche Abteilung stecken
   Sie am meisten:
   a) in den IT-Bereich .... □
   b) in den Forschungs- und Entwicklungsbereich ...... □
   c) in den Human-Resources-Bereich? .... □

9. Wie definieren Sie ein Weltklasse-Unternehmen?
   a) Ein Unternehmen, das eine umfangreiche Liste von Innovationen vorweisen kann .... ☐
   b) ein Unternehmen, das groß genug ist, um selbständig und unabhängig zu arbeiten .... ☐
   c) ein Unternehmen, das nichts besitzt, aber alles tun kann .... ☐

20. Kam das Konzept Ihres neuesten Produktes
    a) aus den eigenen Reihen .... ☐
    b) von außen .... ☐
    c) von »irgendwoher« .... ☐

Auswertung

1.:	a)	3	b)	2	c)	9	Punkte
2.:	a)	4	b)	6	c)	0	Punkte
3.:	a)	2	b)	1	c)	11	Punkte
4.:	a)	3	b)	9	c)	1	Punkte
5.:	a)	4	b)	1	c)	15	Punkte
6.:	a)	1	b)	3	c)	7	Punkte
7.:	a)	6	b)	5	c)	0	Punkte
8.:	a)	1	b)	1	c)	1	Punkte
9.:	a)	4	b)	8	c)	0	Punkte
10.:	a)	1	b)	4	c)	0	Punkte

0 ➤——————————————————➤ 80

Wo auf der Skala liegt Ihr Gesamtwert? Je weiter Sie nach rechts rücken, umso näher rückt die Gefahr, dass Ihr Unternehmen demnächst aus allen Nähten platzt!

»Der aktuelle Übernahmeboom verdankt sich größtenteils einer verzweifelten Suche nach neuen Ideen. Dasselbe gilt für die Unsummen, die derzeit für Lizenzen und das Know-how anderer ausgegeben werden. Laut der Patent- und Lizenzbörse in Pasadena ist der Handel mit immateriellen Werten in den USA von 15 Milliarden Dollar im Jahr 1990 auf 100 Milliarden Dollar im Jahr 1998 angestiegen. Dabei nimmt der Anteil kleinerer Firmen und Einzelpersonen am Geschäft kontinuierlich zu.«[54]

Mehr und mehr Unternehmen sehen ein, wie wichtig Wissen ist. Technische Produkte und Dienstleistungen werden immer ausgefeilter, wodurch es zusehends dringlicher wird, das Wissen zu besitzen, das diesen Technologien und Services zugrunde liegt. Der Besitz von Wissen gibt Unternehmen einen strategischen Vorteil gegenüber der Konkurrenz. Wissen macht unabhängig und erhöht somit die Erfolgschancen.

Für viele Unternehmen, die ihre Wurzeln in der Industriewirtschaft haben, dürfte das nichts Neues sein. Sie sind es gewohnt, jeden einzelnen Schritt innerhalb der Produktionsprozesse unter ihrer Kontrolle zu haben – von der Forschung bis zur Auslieferung. Auf diese Weise stellten sie sicher, aus eigener Kraft überleben zu können,

> »Es besteht ein Unterschied
> zwischen dem Essen und Trinken
> zum Zwecke der Stärkung
> und dem um der bloßen Völlerei willen.«
>
> *Henry David Thoreau*

ganz gleich was die Konkurrenz ausbrüten mochte. Werte zu besitzen – ob materielle wie Anlagen, Maschinen, Immobilien oder immaterielle wie Patente und Know-how – war die einzig denkbare Methode, wie Unternehmen ihre Unabhängigkeit und somit ihre Unverwundbarkeit erhalten konnten.

Heute ist Wissen eine Währung geworden – und zahlreiche Unternehmen sind wild entschlossen, ihre internen Wissenslücken schnellstmöglich auszufüllen. Also begeben sie sich auf Einkaufstour.

Unlängst wurde der Europachef von Cisco mit folgenden Worten zitiert[55]: »Es gab noch nie dramatischere Zeiten, um Marktanteile zu gewinnen. Bei uns gehen alle 90 Tage 1,4 Milliarden Dollar an freiverwendbarem Kapital ein. Daher hat unser Unternehmen unbegrenzte Möglichkeiten.« Weiter heißt es in dem Artikel: »Cisco ist wieder auf Akquisitionstour. Bisher haben sie 74 Unternehmen aufgekauft, davon acht in Europa. ›Wir werden innerhalb des nächsten Jahres voraussichtlich acht bis 10 Unternehmen kaufen‹, sagt Mr. Lloyd. ›Unsere Strategie ist unverändert. Wir suchen kleine und mittelgroße Unternehmen mit Schlüsseltechnologien ... kleinere Firmen, die wir in unsere Marketing- und Verteilermaschinerie integrieren können, um unsere Position weiter zu stärken.‹«

Akquisitionsgier

In einem kürzlich erschienen Artikel im *Fortune*[56]-Magazin wurde die Kaufgier der Unternehmen wie folgt illustriert: »WorldCom-Gründer Bernard Ebbers aß für sein Leben gern. Er aß MCI. Er aß MFS und dessen Tochter UUNet. Er versuchte, Sprint zu essen. Die Wall Street half ihm, alles mit einem kräftigen Schluck aus billigem Kapital und aufgeblähten Aktienkursen herunterzuspülen. Schon bald erreichte WorldCom ein Umsatzhoch von 39 Milliarden Dollar. Allerdings hatte die Sache einen Haken: Ebbers verdaute die Sachen, die er schluckte, nicht sonderlich gut. Als geborener Geschäftemacher verstand er sich besser auf das Ködern neuer Akquisitionen als auf das Koordinieren der bereits vorhandenen – immerhin 75 an der Zahl. Aber wenigstens gab er es ehrlich zu: ›Unser Ziel ist es nicht, einen möglichst großen Marktanteil zu gewinnen oder global zu werden‹, sagte er in einem Interview im Jahr 1997. ›Unser Ziel ist es, die Nummer-1-Aktie an der Wall Street zu werden.‹«

Wir fragen uns, ob er imstande gewesen wäre, dem winzig kleinen Schokoladenstückchen zu entsagen, das John Cleese in »Der Sinn des Lebens« dem Vielfraß anbot!

Innovation hat immer noch Priorität

PricewaterhouseCoopers, eine der führenden Unternehmensbera-
tungen weltweit, hat kürzlich die Ergebnisse einer Studie über 150
Unternehmensführer veröffentlicht. Die Befragten gaben einhellig
an, dass sie Innovation nach wie vor an vorderste Stelle setzen,
»trotz der rückläufigen Konjunktur und schrumpfender Umsätze.
Die Befragung der CFOs und geschäftsführenden Direktoren ergab,
dass 81 Prozent der Führungskräfte aus Spitzentechnologie-Unter-
nehmen Innovationen unangefochtene Priorität geben. Von dieser
Gruppe schätzten 54 Prozent ihr Unternehmen als innovativer ein
als ihren größten, beziehungsweise ihre zwei größten, Konkurrenten – 17 Prozent hielten sich für ›deutlich besser‹ und 37 Prozent
meinten, sie wären ›um einiges besser‹. Auch erwartete diese Gruppe ein Umsatzwachstum für das nächste Jahr, das um 25 Prozent
schneller eintreten sollte als bei den Mitbewerbern, die weniger auf
Innovation setzten. ›Der gegenwärtig rapide Fortschritt in der Technologie macht Innovation nicht nur für einzelnen Branchen, sondern für die gesamte Wirtschaft zum entscheidenden Kriterium‹,
sagt George Bailey, einer der Innovationsexperten von PricewaterhouseCoopers. ›Frische Ideen schaffen neue und bessere Produkte
und Dienstleistungen, die den Kunden einiges wert sind. Darüber
hinaus sichert Innovation den Arbeitnehmern die Freiheit, noch effizienter zu arbeiten, was sie für ihre Arbeitgeber umso wertvoller
macht.‹ Innovation hat sich auf viele dieser Unternehmen positiv
ausgewirkt, wobei die stärkste Wirkung im Bereich neuer Produkte und Dienstleistungen nachzuweisen war (83 Prozent), dicht
gefolgt vom Umsatz (80 Prozent), Verdienst- und Gewinnspanne
(77 Prozent) und Effizienz (72 Prozent). Diese Untersuchung wurde
von BSI Global Research Inc. für die PricewaterhouseCoopers
›Technology Barometer‹-Serie durchgeführt.«[57]

Eine stolze Tradition

Viele Unternehmen waren stolz auf ihre hausinterne Forschungstradition. Sie brüsteten sich damit, bahnbrechende Erfindungen hervorgebracht zu haben, zahlreiche Patente zu halten und in ihren Abteilungen neue Technologien entwickelt zu haben. Viele sahen darin ihre eigentliche Stärke und meinten, dank dieser Tradition einen Wettbewerbsvorteil zu haben.

Und als langsam, aber unaufhaltsam die Knowledge-based Economy ihren Einzug hielt, glaubten viele Unternehmen, diese hausinternen Ressourcen wären der Schlüssel zum kontinuierlichen Erfolg. Schließlich hing die Wirtschaft an Ideen, und welches Unternehmen sollte da besser für den Erfolg gerüstet sein als eines, das auf eine lange Tradition von Ideenkreation zurückblickt?

Dennoch begriffen die wenigsten dieser Unternehmen, dass mehr und mehr Technologien ineinander griffen und infolgedessen Grenzen zwischen Bereichen verschwanden, die zuvor Welten getrennt hatten. Und diese Entwicklung sollte am Ende gerade jene Unternehmen überrennen, die sich besonders für die Forschung engagiert hatten.

> »Wir könnten hypothetisch im Besitz aller technischen Ressourcen auf dem nordamerikanischen Kontinent sein, doch so lange unsere Sprache inadäquat ist, werden unsere Visionen gestaltlos bleiben, unser Denken und Fühlen sich weiter in den alten Kreisen bewegen, unsere Entwicklung mag ›revolutionär‹ sein, aber sie ändert uns nicht.«
>
> *Adrienne Rich*

Viele stellten zu ihrer Überraschung fest, dass das, was sie für das Gesamtbild gehalten hatten, nichts weiter war als ein winziger Ausschnitt.

Die Welt war plötzlich größer geworden – und zahlreiche mächtige Konzerne fanden sich als Schiffbrüchige auf einer einsamen Insel wieder.

Trotzdem blieb »Do it yourself« die oberste Prämisse in

den meisten Unternehmen, die in der Industriewirtschaft verwurzelt waren. Zukäufe, die oft von dem Wunsch getrieben waren, sich fehlende Technologien einzuverleiben, standen ganz oben auf der Tagesordnung. Alles zu wissen und alles zu können, wurde wichtiger denn je. Und mit zunehmender Digitalisierung wurde immer breiter gefächertes Wissen notwendig.

Nun dämmerte manchem Unternehmen die grausame Wahrheit: Man konnte alles Wissen dieser Welt besitzen, und doch drängten einen andere vom Markt, die über weit weniger Wissen verfügten. Wie war das bloß möglich?

Unternehmen wissen gar nicht, was sie wissen

Eine der Ursachen dieses Problems war, dass die wenigsten Unternehmen genau wussten, welches Wissen sich allein in ihren eigenen Reihen fand. Durch Zukäufe konnte man zwar die Menge vergrößern – doch organisatorische Schranken verhinderten den freien Austausch dieses neugewonnenen Wissens. Und dieser Negativeffekt verstärkt sich noch bei Käufen von Unternehmen auf anderen Kontinenten. Oder wenn das zugekaufte Unternehmen nicht recht zu dem Käuferunternehmen passen will. Anstatt Wissen zu besitzen, müssen viele Unternehmer feststellen, dass sie lediglich die Besitzer des Wissens besitzen! Das ist dann ungefähr so, als befände sich dieses Wissen in sauber sortierten Dateien auf einem Zentralcomputer: Sobald man eine dieser Dateien öffnen will, entdeckt man, dass einem das richtige Passwort fehlt. Und, was noch schlimmer ist, man hat keinen blassen Schimmer, was in dieser Datei sein mag!

Wissen an sich ist nutzlos. Es ist überhaupt nichts wert. Als profitabel kann es sich erst in dem Moment erweisen, in dem es genutzt wird. Erst wenn Menschen es verstehen, Wissen in immer neuen Kombinationen anzuwenden, kann sich daraus Bahnbre-

chendes entwickeln. Wird es in abteilungsgerechte Päckchen aufge-
teilt, weil das Management glaubt, der Besitz allein genüge schon,
und den freien Austausch mit organisatorischen Barrieren blockiert
reduziert man es auf eine Datenflut, zu der niemand Zugang hat.

»Forschungsdirektoren«, schrieb der *Economist*[58], »und
Hightech-Industrielle neigen zu dem Glauben, dass unternehmens-
eigene Forschungslabors, jene stolze Errungenschaft der Erfinder des
19. Jahrhunderts, überflüssig geworden sind. Das erklärt, warum
Entwicklung und Wachstum von Unternehmen immer weniger
innerhalb dieser Unternehmen stattfinden, sondern durch Partnerschaften, Joint-Ventures, Allianzen, Minderheitsbeteiligungen und
Know-how-Agreements mit branchenfremden Instituten und Technologien angestrebt werden. Was vor fünfzig Jahren noch undenkbar war, wird heute zum Normalfall: Allianzen von Institutionen,
die gänzlich unterschiedlichen Charakters sind, beispielsweise zwischen umsatzstarken Unternehmen und Universitätsfakultäten oder
zwischen Behörden und Dienstleistungsunternehmen, die die Stra-
ßen fegen oder die Gefängnisse verwalten.«

Trauen Sie sich zu teilen?

Eine Allianz mit einem Hausverwaltungsunternehmen einzugehen,
ist nicht weiter schwer. Etwas vollkommen anderes ist es jedoch,
wenn man von Unternehmen erwartet,
dass sie ihr Wissen teilen. Und wenn man
schon unbedingt teilen *muss*, sollte man es
ausschließlich mit einem Lieferanten tun –
niemals mit einem Konkurrenten.

»Ist es süß,
ganz und gar zu besitzen?
Oder ist es bitter,
bitter wie Asche?«

Hilda Doolittle

Doch genau das werden Unternehmen lernen müssen, wenn sie langfristig überleben wollen. Man kann einfach
nicht mehr alles wissen. Wir würden sogar behaupten, dass es gar
nicht wünschenswert wäre, alles zu wissen. Geschäftemachen hat

nichts mit Wissen sammeln zu tun, sondern damit, Wissen arbeiten zu lassen. In der Wirtschaft geht es darum, Wissen auf immer neue Weise zu kombinieren, um es zum Nutzen aller Beteiligten einsetzen zu können.

Fraglos war dies der Beweggrund für den Wissenspool, den die beiden Erzrivalen Philips und Sony gründeten, um gemeinsam einen Standard für Audio-CDs zu entwickeln. Am Ende profitierten beide von den Lizenzgeldern, die ihnen ihre Gemeinschaftserfindung einbrachte. Das ist doch um ein Vielfaches lohnender als riesige Investitionen zu tätigen und Umsatzeinbußen in Kauf zu nehmen, was für beide Unternehmen dabei herausgekommen wäre, hätten sie versucht, sich ein Kopf-an-Kopf-Rennen zu liefern.

Derlei Allianzen werden mit zunehmender Integration von Technologien kontinuierlich attraktiver. Auf dem Markt tummeln sich schließlich nicht nur Unmengen Wettbewerber, sondern auch potenzielle Kunden, Lieferanten und Allianzpartner. Hamel und Pralahad[59] haben bereits darauf hingewiesen: »Es könnte jederzeit der Fall eintreten, dass beispielsweise AT&T entdeckt, in Motorola einen Lieferanten, einen Käufer, einen Konkurrenten *und* einen Partner zu haben.«

Die digitale Gegenwart verlangt nach einem Wissensspektrum, das die wenigsten Unternehmen allein bewältigen können. In dem Maße, in dem Unterhaltung, Information, Kommunikation und Verarbeitungsmöglichkeiten dichter zusammenrücken, wachsen die technologischen Anforderungen für die Herstellung selbst der simpelsten Produkte. Die Tage der eigenbrötlerischen, hermetisch abgeriegelten Monolithen sind endgültig vorbei.

Scheuklappen

Oder etwa nicht? Natürlich gibt es genügend Beispiele für Unternehmen, die nach wie vor wild entschlossen sind, sich das Wissen anzueignen, das sie brauchen – wie wir an obigem Cisco-Zitat gesehen haben. Doch man muss sich ernsthaft fragen, ob der Besitz all dieses Wissens tatsächlich bahnbrechende Produkte, Dienstleistungen oder Technologien hervorbringen kann.

Viele große Unternehmen tragen Scheuklappen. Sie verstehen vielleicht einiges vom Markt, von den Kunden, Produkten und Technologien. Aber ihnen fehlt die Fähigkeit, außerhalb ihrer traditionellen Erfahrungskategorien zu denken. Potenzielle Produkte sehen sie ausschließlich *innerhalb ihres eigenen Umfeldes*. Sie ignorieren – oder bemerken einfach nicht – welche Potenziale sie haben, mit denen sie möglicherweise neue und profitablere Territorien erobern können.

Es ist wie in der Geschichte von den beiden Fabriken, die Türen bauten: Beide Unternehmensleitungen wurden aufgefordert, ihre Ziele zu benennen. Die eine schrieb: »Wir wollen Marktführer für Qualitätstüren werden.« Ein nobles Ziel. Die andere jedoch schrieb: »Wir wollen Marktführer für Eingangstechnologie werden.«

Nur wenige Unternehmen verfügen heute über die Fähigkeit, ihre traditionellen Grenzen zu überwinden. Und alles Wissen dieser Welt wird ihnen nicht helfen, ihre Potenziale besser einschätzen zu lernen. Die meisten bleiben bestenfalls »Marktführer für Qualitätstüren«, denn es braucht Visionäre, um »Marktführer für Eingangstechnologie« zu werden.

> »Was man nicht versteht, besitzt man nicht.«
>
> *Johann Wolfgang von Goethe*

Und gerade hier können Allianzen überaus gewinnbringend sein. Sie konfrontieren Unternehmen mit neuen Geschäftsphilosophien, neuen Arbeitsmethoden und anderen Denkweisen. Sich Unterschieden auszusetzen, kann stimulierend sein – für beide Seiten. Und beide Partner können davon profitieren. Heute überschneiden sich so viele unterschiedliche Wirtschaftsbereiche, dass es häufig fatal ist, sich ausschließlich auf die eigene Branche und den eigenen Markt zu konzentrieren. Wie der *Economist*[60] so treffend anmerkt: »Praktisch kein Produkt und keine Dienstleistung sind mehr auf einen bestimmten Nutzen oder einen bestimmten Markt beschränkt. Handelspapiere konkurrieren mit Handelsanleihen der Banken. Pappe, Plastik und Aluminium konkurrieren mit Glas auf dem Getränkemarkt. Glas ersetzt Kupfer als Kabelmaterial. Stahl konkurriert mit Holz und Kunststoff um die Stützen, die ein amerikanisches Einfamilienhaus halten.« Wenn Sie Glasfabrikant sind, wie wollen Sie dann alles über den Getränke-, den Bau- und den Kabelmarkt wissen? Und selbst wenn Sie all diese Markte kennen wie Ihre Westentasche, sind Sie dann wirklich offen für neue Anwendungen und neue Märkte? Wäre es nicht besser, eine Unternehmenspolitik der Offenheit zu vertreten, die Sie bereit macht – Sie vielleicht sogar anspornt – Allianzen einzugehen, die Ihr Wettbewerbsfeld noch weiter vergrößern?

Das Geschäft ausweiten

Viele Manager sehen ihre größte Herausforderung darin, das Geschäftsfeld ihres Unternehmens auszuweiten. Mehr Umsatz, mehr Verkäufe, mehr Personal, mehr Produktionsanlagen, mehr Büroräume – und durch all das möglichst mehr Profite.

Unterschwellig schwingt hier die Überzeugung mit, dass man mehr braucht, um mehr machen zu können. Der Grundgedanke ist, dass man umso mehr Möglichkeiten hat, je mehr man besitzt. Und je größer man wird, umso stärker ist man.

Genau das hat Goliath auch gedacht!

Dabei ist die eigentliche Herausforderung heute nicht, mit immer mehr mehr tun zu können, sondern mit immer weniger immer mehr zu erreichen. Und damit meinen wir nicht nur die berühmte »Verschlankung«, die in den Achtzigern so modern wurde. Wir meinen die Fähigkeit, die eigentlichen Kompetenzen eines Unternehmens zu erkennen – und zwar richtig zu erkennen – und sie zu nutzen, statt sie unter einem Haufen materieller Werte zu ersticken.

Schwierig? Vielleicht. Aber es gibt Beispiele von Unternehmen, die ihre Kompetenzen gefördert und genutzt haben, ohne irgendetwas zu besitzen.

Warum müssen uns die Gebäude gehören?

Zahlreiche europäische Unternehmen haben herausgefunden, dass der Besitz von Werten nicht unbedingt die beste Methode ist, mit ihnen etwas zu verdienen. Landall Green Parks, Gran Dorado und Euroase waren allesamt Unternehmen, die Bungalowparks besaßen und verwalteten. Sie haben diese Bungalows und die Freizeitangebote der Parks ausgebeutet, indem sie sie an Gäste vermieteten, wie Hotels Zimmer vermieten. Doch in jüngster Zeit haben sie sich dazu entschieden, ihre eigentliche Kompetenz auszubeuten: Das Parkmanagement. Also verkauften sie die Bungalows an Privatinvestoren und konzentrieren sich seither darauf, sie im Auftrag der Besitzer zu vermieten, wobei sie sich ihre Tätigkeit mit 25 Prozent der Einnahmen vergolden lassen. Die Instandhaltung der Bungalows ist Sache der Investoren, und alle Kosten, die mit der Unterhaltung verbunden sind, werden an sie weitergegeben. Außerdem tragen die Investoren/Eigner allein das Risiko, wenn Bungalows nicht vermittelt werden können.

Diese Unternehmen haben einen profitablen Weg gefunden, ihr Wissen gewinnbringend einzusetzen und ihre Kompetenzen zu nutzen, ohne dass sie dafür irgendwelchen Besitz anhäufen mussten.[61]

Die Vorteile genießen

Fortschrittliche Unternehmen entdecken heute, welchen Wettbewerbsvorteil sie gewinnen können, indem sie sich nicht auf den Besitz von Werten festlegen – ob materielle oder immaterielle – sondern darauf, die Vorteile dieser Werte zu nutzen.

Die Pharmaindustrie steht ständig unter besonderem Innovationsdruck. Sie sind unentwegt auf der Suche nach neuen Produkten, die Krankheiten bekämpfen – und machen dabei Milliardenumsätze. Doch obwohl gerade in dieser Branche astronomische Summen in die Forschung wandern, verschließt sie sich keineswegs vor den Forschungen, die andernorts gemacht werden. So schrieb der *Economist*[62]: »In der Pharmazeutik findet die Forschung ausschließlich in kleinen Unternehmen statt, in denen Einzelunternehmer die gesamte Vorarbeit bis hin zum Stadium der klinischen Tests durchführen und ihre Ergebnisse dann an die großen Pharmafirmen verkaufen. Ungefähr ein Drittel des Gesamtumsatzes wird heute mittels Lizenztechnologien erzielt.« Und kürzlich gab Genfit bekannt, dass man strategische Allianzen plante, die speziell auf Forschung ausgerichtet sind. *La Tribune*[63] schreibt dazu: »Das Biotechunternehmen Genfit in Lille hat Vereinbarungen mit BioMerieux-Pierre Fabre (BMPF) und Laboratoires Fournier unterzeichnet, die einem Gesamtwert von 10 Millionen Euro entsprechen. Die auf drei Jahre befristete Allianz mit BMPF sieht gemeinsame Forschungen über die Identifizierung von Verhaltensmustern bestimmter Moleküle unter neuen Medikamenten vor, die in Zukunft zur Behandlung von kardiovaskulären Erkrankungen eingesetzt werden sollen. Zugleich wird Genfit im Rahmen seines Fünfjahresvertrages

> »Wissen ist nicht wie Essen,
> und wir können nicht erwarten,
> verzehren und besitzen zu können,
> was wir wollen.
> Wissen ist das Erkennen des Abwesenden;
> es ist ein Gruß, keine Umarmung.«
>
> *George Santayana*

mit Fournier neue Behandlungsmethoden für Stoffwechselkrankheiten erforschen.«

Selbst in der Automobilindustrie, die von vielen als letzte Bastion industriellen Denkens angesehen wird, häufen sich mittlerweile Allianzen. Im *Economist*[64] war zu lesen: »Vor achtzig Jahren entwickelte GM erstmals die organisatorischen Konzepte und Strukturen, auf welchen heute die großen Unternehmen in der ganzen Welt fußen. Und sie hatten die Idee, dem Topmanagement eine gesonderte Position einzuräumen. Heute experimentiert man bei GM mit einer ganzen Reihe von Organisationsmodellen. Sie haben sich von einem unitaristischen Unternehmen, das von dem Eigner kontrolliert wurde, zu einer Unternehmensgruppe, die durch das Management zusammengehalten wird, gewandelt, wobei GM an den Einzelunternehmen häufig nur Minderheitsbeteiligungen besitzt. GM kontrolliert Fiat, einen der ältesten und größten Autohersteller, besitzt ihn aber nicht. Sie kontrollieren außerdem Saab in Schweden und zwei kleinere japanische Autohersteller – Suzuki und Isuzu. Zugleich hat GM sich großer Teile seiner Produktionsanlagen entledigt, indem sie sie in eine getrennte Firma auslagerten. Delphi, wie dieses Unternehmen heißt, baut alle Teile und Accessoires, die 60 bis 70 Prozent der Kosten für den Bau von Automobilen ausmachen. Anstatt die Lieferfirmen für Teile und Accessoires zu erwerben – oder zumindest zu kontrollieren – wird GM seinen Bedarf künftig auf Auktionen oder übers Internet decken. Sie haben sich mit ihren amerikanischen Konkurrenten Ford und DaimlerChrysler zusammengetan, um eine unabhängige Einkaufskooperative zu gründen, die für die drei Mitglieder die jeweils günstigste Einkaufsquelle ausmacht. Die anderen Autohersteller wurden eingeladen, sich ihnen anzuschließen. GM wird weiterhin Wagen entwerfen, Motoren bauen und Karosserien zusammenschweißen. Und sie werden weiterhin ihre Autos über ein Händlernetzwerk vertreiben. Doch zusätzlich zum Verkauf der eigenen Wagen plant GM, ein Autohändler und Käufer für den Endverbraucher zu werden, der den richtigen Wagen für den Kunden findet, ganz gleich aus wessen Fabrik er stammt.«

Forschungsprogramm

Alcatel baut Netzwerk für die kommenden Generationen und liefert integrierte Stimmen- und Datenkommunikationslösungen für etablierte und neue Datenträgern, wie auch für Unternehmen und Konsumenten weltweit. Mit 120.000 Angestellten und einem Umsatz von 21,3 Milliarden Euro (25,0 Milliarden Dollar) ist Alcatel in über 130 Ländern vertreten.

In einer der jüngsten Pressemitteilungen[65] kündigt das Unternehmen ein »einzigartiges Programm zur Unterstützung der Innovationsbemühungen und Stärkung der Wettbewerbsposition« an.

Ziel dieses Partnerschaftsprogramms ist es, »die Innovationsbemühungen zu unterstützen und die Wettbewerbsposition zu stärken, indem man langfristige Beziehungen zu Schlüsseluniversitäten und Forschungsinstituten auf der ganzen Welt eingeht. Das Programm bezieht sich auf alle Forschungs- und Innovationsbereiche, die für Alcatel von Interesse sind.«

Das Alcatel Research Partner Program kombiniert drei Aspekte eines weltweiten Kooperationsprogramms:

- **Forschungszusammenarbeit.** Alcatel stellt seinen Forschungspartnern einzigartige Möglichkeiten zur Verfügung, mit den Alcatel-eigenen Forschern zusammenzuarbeiten. Alcatel und sein Forschungspartner werden gleichermaßen an den wissenschaftlichen und technischen Entwicklungen beteiligt sein, was für beide Parteien von Nutzen ist.

- **Mobilität, Training und Ausbildung.** Alcatel und sein Forschungspartner werden den Austausch von Forschern und Studenten fördern, indem sie Forschern, Professoren, Forschungsgruppen und Studenten befristete Beschäftigungsverhältnisse anbieten.

- **Gründungsprogramme für Unternehmen.** Die Partnerschaft ist offen, Gründungsprojekte innerhalb der Universitäten oder

Institute kommerziell zu unterstützen, indem sie ihre innovativen Ideen fördern.

»Das Alcatel Research Partner Program wird eine echte Zusammenarbeit zwischen Akademie und Industrie möglich machen, die alle geographischen und Branchengrenzen überwindet und durch die sich aufregende neue Chancen für die Telekommunikationsforschung auftun. Hierin bestätigt sich, dass Alcatel seine Verpflichtung zu einem Langzeitforschungsprogramm ernst nimmt«, sagte Martin De Prycker, Alcatels Technologiechef. Sieben Forschungspartner konnten bereits für das Programm gewonnen werden.

Überfrachtet

Diese Beispiele zeigen, dass die »Wir-schaffen-das-allein«-Einstellung in der Knowledge-based Economy wenig Platz findet. Werte zu besitzen, macht ein Unternehmen fetter, kann es aber niemals agiler machen.

Und um ehrlich zu sein: Agilität ist eine der wichtigsten Eigenschaften, durch die ein Unternehmen sich auszeichnen kann. Denn wie sich die Wirtschaft in furchterregender Geschwindigkeit weiterbewegt, so werden auch die Momente, in denen sich Chancen bieten, immer kürzer und kürzer. Es ist einfach nicht mehr die Zeit da, sich alles und jedes Wissen anzueignen. Je größer ein Unternehmen wird, und je mehr Wissen es ansammelt, umso dringender wird es den Wunsch verspüren, sich sein Wissen zunutze zu machen. Immerhin steht dieses Wissen für enorme Investitionen, die ungenutzt zu lassen kriminell wäre.

Man sagt, wenig zu wissen wäre gefährlich. Wir hingegen würden behaupten wollen, dass zu viel Wissen weit gefährlicher ist. Der Blick wird auf das Innen fixiert – wir müssen unser Wissen nutzen – obwohl er eigentlich nach außen gerichtet sein sollte. Je mehr Wissen sich ein Unternehmen aneignet, umso mehr Aufmerksamkeit muss es dem Gebrauch dieses Wissens schenken und umso weniger Aufmerksamkeit kann es der Frage widmen, wie es den Bedürfnissen der Kunden – und der Kunden von Kunden – bestmöglich gerecht werden kann.

Darüber hinaus stellen Unternehmen, die Wissensbesitzer akquiriert haben, häufig fest, dass deren Wissen nur von kurzfristigem Nutzen ist. Wissen ist nicht ewig; einmal erworben, bleibt es nicht automatisch nützlich. Eine Firma, die das nötige Wissen besitzt, um Radioröhren zu bauen, kann damit wohl kaum auf einen durchschlagenden Erfolg im heutigen Hightechgeschäft hoffen.

Den Wert erhöhen

Viele Unternehmen haben sich durch all das Gerede von der Knowledge-Economy verwirren lassen. Sie machten sich auf, Wissen anzuhäufen, andere Unternehmen zu kaufen, die über hohes Wissen verfügten, und jede Menge »Experten« unter ihrem Dach zu versammeln.

Wissen zu besitzen ist für sich genommen noch keine Erfolgsgarantie. Viel sicherer ist der Erfolg jenen Unternehmen, die die Agilität aufbringen, sich *Zugang* zu dem Wissen zu verschaffen, das sie brauchen, um den immer neuen Bedürfnissen und Wünschen ihrer Kunden zu begegnen. Und diese ändern sich praktisch über Nacht. Die Geschwindigkeit, mit der sich die Ansprüche der Verbraucher ändern, erfordert Reaktionsschnelligkeit. Und diese wiederum leisten vor allem Unternehmen, die sich nicht von ihren angehäuften Werten – ob materieller oder immaterieller Natur – erdrücken lassen.

Wenn sich Chancen auftun, muss das nötige Wissen, sie zu

> »Ein Mensch erwirbt Wissen nur mit Hilfe jener, die es besitzen. Das sollte von Anfang an klar sein. Man lernt von dem, der weiß.«
>
> *George Gurdjieff*

nutzen, schnell und effizient mobilisiert werden. Behäbige, ineffiziente Unternehmen würden in solchen Momenten losziehen und es kaufen; agile, reaktionsschnelle Unternehmen hingegen würden ausziehen und es anwenden.

Daher ist der Wunsch nach Besitz aller Werte und allen Wissens in unseren Augen eine Todsünde. Und die einzige Rettung ist ein unternehmerisches Denken, das auf die Nutzung von Werten ausgerichtet ist, ganz gleich ob man sie besitzt oder nicht.

Fallstudien

Sünder: Kirch

Die Unternehmensphilosophie war simpel: Besitze alles. Je mehr du besitzt, umso mehr besitzt du. Doch diese Philosophie wurde der deutschen Kirch-Gruppe zum Verhängnis. Das komplexe Netzwerk von kühnen Unternehmungen kam ins Schwanken und begann auseinander zu brechen. Das gigantische Haus, das Herr Kirch baute, stürzte in sich zusammen. Bis dahin hatten sie ein erstaunliches Konvolut zusammengesammelt, bestehend aus Abkommen, Krediten – die Gruppe hat über 6,5 Milliarden Euro Schulden angehäuft – und Tochtergesellschaften. Und dieses komplexe Gebilde dürfte selbst mit Unterstützung durch die Gläubiger, zahlreiche Banken und andere Beteiligte nicht so leicht zu retten sein.

Die Kirch-Gruppe wurde 1954 gegründet und war über lange Zeit ein erfolgreicher Mediengigant. Der Gründer Leo Kirch hat ein deutsches Imperium aufgebaut, das zahlreiche Beteiligungen in der Schweiz, Spanien und Italien hält. Die Unternehmensaktivitäten umfassen Digitalfernsehen, Software-Entwicklung und das größte Lizenzgeschäft für internationale Filme und Fernsehserien außerhalb der USA. Zusammen mit seinem Erzrivalen, der Mediengruppe der Bertelsmann AG, war die Kirch-Gruppe für 90 Prozent der deutschen Fernsehwerbung zuständig, und die Konkurrenten fürchteten die Macht dieser beiden Konzerne, sowie deren enormen Wettbewerbsvorteil bei Sportübertragungs- und Filmrechten. Als Kirch 1996 die Übertragungsrechte für die Fußballweltmeisterschaften 2002 und 2006 erwarb und dafür 1,9 Milliarden Dollar zahlte, schien dies ein weiterer Beweis für die ungeheure Macht dieses Unternehmens zu sein. Im Jahr 2001 dann gewann er die Schlacht um die Fernsehrechte für die Formel-1-Rennen, wofür er 1,5 Milliarden Dollar zahlte. Seine Schulden beliefen sich mittlerweile auf ca. 4,4 Milliarden Euro.

Während der Aufbau des Imperiums immer höhere Schulden verursachte, blieben die Einnahmen aus dem Pay-TV-Geschäft trotz der 1999 eingeleiteten Restrukturierungsmaßnahmen enttäuschend. Nicht einmal die Exklusivrechte an großen Fußballereignissen vermochten daran etwas zu ändern. Die Abonnentenzahlen für das Privatfernsehen dümpelten auch weiter bei 2,4 Millionen von insgesamt 34 Millionen Fernsehhaushalten dahin. Angesichts der weltweiten Einbrüche im Werbegeschäft war das Unternehmen 2001 gezwungen, einige seiner Bankkredite zu verlängern. Nun witterte die Konkurrenz Blut und nutzte die Beteiligung an mehreren Kirch-Unternehmen. Sie machte von ihren Optionen Gebrauch, diese Beteiligungen an die Kirch-Gruppe zurückzuverkaufen, wodurch sich der Druck auf den Mutterkonzern zusätzlich erhöhte. Plötzlich standen sie vor einem riesigen Schuldenberg, der sich angeblich auf mindestens 6,5 Milliarden Euro belief. Kirch hatte mehr als 3 Milliarden Euro in seine Pay-TV-Tochter gesteckt und damit gerade mal 2,4 Millionen Abonnenten gewonnen. Die täglich auflaufenden Verluste betrugen 2,3 Millionen Euro. 2002 bot die Gruppe ihre Formel-1- und Fußballübertragungsrechte zum Verkauf an, erstellte einen Restrukturierungsplan, der die Entlassung von knapp 30 Prozent der Belegschaft beinhaltete, und suchte Käufer für seinen Sender ProSieben, Deutschlands größten Privatsender. Der Hauptteil des Kirch-Medienimperiums stellte im April 2002 Insolvenzantrag – der größte Unternehmenskollaps in der deutschen Geschichte seit dem Zweiten Weltkrieg. Die Pay-TV-Sparte ging im Mai 2002 pleite, und die Kirch-Holding wurde kurz darauf in die Insolvenz gezwungen. Die deutsche Bundesliga, eine der prestigeträchtigsten und besten Fußballligen der Welt, ist abhängig von den Euro-Milliarden, die ihnen die Kirch-Gruppe für die Fernsehrechte versprochen hat, und muss sich nun mit der Tatsache arrangieren, dass der gescheiterte Mediengigant kaum in der Lage sein dürfte, die versprochenen 200 Millionen Euro für Fußballrechte zu bezahlen.

Heilige: Die Chipindustrie

Die Chipindustrie macht etwas richtig? Gewiss zählt sie zu jenen Branchen, die aufgrund einer einfachen Idee groß geworden sind: Sei als Erster im Markt und sichere dir das große Geld, ehe die anderen aufwachen. Doch der dramatische Rückgang der Chipnachfrage im Jahr 2001 – mit 32 Prozent der höchste Umsatzeinbruch der Industriegeschichte – förderte die Schwachpunkte dieser Industrie zu Tage. Preisverfall, rückläufige Nachfrage und halsabschneiderische Wettbewerbsgepflogenheiten, die einzig darauf abzielten, die Konkurrenz mit allen legalen und illegalen Mitteln zu vernichten – all dies führte zu einem Ergebnis, mit dem die meisten Marktbeobachter nicht einmal im Traum gerechnet hätten: Allianzen zwischen Konkurrenten.

Wie die BBC-Nachrichten[66] berichteten: »Als jüngstes Abkommen innerhalb einer ganzen Serie von Kostenteilungsallianzen haben sich Frankreichs STMicroelectronics, Hollands Philips und Amerikas Motorola zusammengetan, um ein 1,4-Milliarden-Dollar-Unternehmen zu gründen, das die neueste Generation der Chiptechnologie entwickeln soll. Die drei verbündeten Unternehmen planen, Taiwan Semiconductors (TSMC), eine der weltweit größten Chipfirmen, als Partner aufzunehmen.

Sinn und Zweck dieses Vorhabens ist die Erweiterung des vorherigen Abkommens über die Entwicklung des CMOS-Prozessorchips in einer 300mm-Wafer-Fabrik im französischen Alpenstädtchen Crolles. Solche Verträge, mit denen einstige Erzrivalen einen Forschungspool bilden, werden in der Chipindustrie zusehends beliebter, seit sie mit dem schlimmsten Umsatzeinbruch der letzten Dekade zu kämpfen hat.«

6

Die sechste Todsünde:
Neid in der Produktionshalle

Qualität garantieren
und den Zahlen blind vertrauen

Nichts kann einem den Tag so versauern wie die Verkündung eines Konkurrenten, er habe ein Qualitätslevel von 1 per 1 Milliarde erreicht (oder 1 per eine Billion, wenn er richtig gut ist). Das lässt das eigene Unternehmen ziemlich alt aussehen. Ganz zu schweigen von dem nachlässigen, wenn nicht gar schlampigen Eindruck, den man gewinnen könnte. »Bessere Qualität« lautet also das Gebot des Tages – wie es bereits das Gebot jedes Tages der letzten vier Jahrzehnte war. Je höher die Qualität, desto besser das Produkt und desto zufriedener der Kunde. Na ja, und wenn die Produktqualität stimmt, spart man sich den Kundendienst. Wenn nichts schief geht, muss man auch nichts geradebiegen. Und man braucht sich nicht all die lästigen Beschwerden von all den kleinlichen Leuten anzuhören ...

* * * * *

Der Neid-Check

Sie wollten immer, dass Ihr Unternehmen als Weltklasseunternehmen angesehen wird. Und Sie wollen Zahlen sehen, die Ihnen genau das bestätigen. Beantworten Sie die folgenden Fragen aufrichtig, und finden Sie heraus, wie nah Sie dran sind, sich des Neides schuldig zu machen.

1. Nach welchen Zahlen beurteilen Sie das Qualitätslevel Ihres Unternehmens?
   a) Industriestandard .... ☐
   b) ISO-Standard .... ☐
   c) Kundenrückmeldungen .... ☐

2. Welche der folgenden Aussagen kommt Ihrer Meinung am nächsten?
   a) Qualität entsteht im Auge des Betrachters .... ☐
   b) Qualität kann gar nicht zu hoch sein .... ☐
   c) Qualitätsnormen werden von Kunden gesetzt ...... ☐

3. Sie starten eine umfangreiche Aktion zur Qualitätsverbesserung. Wenden Sie sich dabei zuerst an
   a) die Produktion .... ☐
   b) das Management .... ☐
   c) die Forschungs- und Entwicklungsabteilung .... ☐

4. Sollte Qualität
   a) bereits in der Planung enthalten .... ☐
   b) in Tests erprobt .... ☐
   c) als selbstverständlich vorausgesetzt sein .... ☐

5. Ihr Unternehmen ist mit einem ISO-Zertifikat ausgezeichnet worden. Was tun Sie?
   a) Sie schmeißen eine Party für das ganze Unternehmen .... ☐

b) Sie geben eine entsprechende Pressemitteilung
heraus .... ☐

c) Sie zucken mit den Schultern und machen weiter
wie bisher .... ☐

6. Sie sollen zu einer Versammlung von Qualitätsspezialisten
sprechen. Reden Sie

a) über Qualitätsstandards .... ☐

b) über Ihre Mitarbeiter .... ☐

c) über die verheerenden Folgen, die mangelnde
Qualität haben kann, illustriert durch ein paar
haarsträubende Geschichten .... ☐

7. Sie werden gebeten, die wichtigsten Punkte der Qualitäts-
politik Ihres Unternehmens zu benennen. Nennen Sie

a) die Qualität der Arbeitsabläufe .... ☐

b) die Qualität des Arbeitsumfeldes .... ☐

c) die Qualität des Kundendienstes .... ☐

8. Ein Mitglied Ihrer Technologiegruppe schlägt eine neue
Qualitätsoffensive vor. Wie reagieren Sie?

a) Sie unterstützen sie, so gut Sie können .... ☐

b) Sie bitten um eine genaue Auflistung der Ziele ... ☐

c) Sie sagen ihm, er solle einfach loslegen .... ☐

9. Ihr Unternehmen steht in dem Ruf, qualitativ hochwertige
Arbeit zu leisten. Glauben Sie

a) dadurch einen Wettbewerbsvorteil zu haben .... ☐

b) damit die Norm heutiger Wirtschaft zu erfüllen ... ☐

c) man kann immer etwas besser machen? .... ☐

10. Sie sprechen zu Ihrem Managementteam. Sagen Sie ihnen

a) sie müssten sich Qualitätsansprüche zu eigen
machen .... ☐

b) sie müssten Qualität schaffen .... ☐

c) sie sollten Qualität vergessen und auf Agilität
setzen? .... ☐

Auswertung

1.:	a) 3	b) 3	c) 1 Punkte
2.:	a) 5	b) 6	c) 2 Punkte
3.:	a) 7	b) 1	c) 2 Punkte
4.:	a) 2	b) 5	c) 0 Punkte
5.:	a) 9	b) 15	c) 2 Punkte
6.:	a) 4	b) 1	c) 12 Punkte
7.:	a) 4	b) 1	c) 1 Punkte
8.:	a) 4	b) 1	c) 9 Punkte
9.:	a) 4	b) 1	c) 7 Punkte
10.:	a) 12	b) 12	c) 1 Punkte

0 ➤————————————————————➤ 80

Wo liegt Ihr Gesamtwert auf der Skala? Je weiter Sie nach rechts kommen, umso neidischer sind Sie!

»Herstellerbetriebe haben während der letzten zwanzig Jahre Milliarden Dollar in diverse Qualitätsbesserungen investiert. Zu den gegenwärtig beliebtesten Maßnahmen zählen das Prinzip der verschlankten Produktion, wie es Toyota Motor Corp. vorgemacht hat, und die Six-Sigma-Standards, die Unternehmen in ihren Qualitätsbemühungen helfen sollen, damit sie immer noch besser werden. In den meisten Fällen haben sich die Investitionen in diese Programme durch niedrigere Produktionskosten, weniger Ausschuss, geringere Defekte und reduzierte Garantieausgaben amortisiert.«[67]

Qualität ist einer der Bereiche, in denen das Management Erfolge vorweisen kann. Das mag daran liegen, dass die meisten Qualitätsprogramme auf Optimierung der industriellen Unternehmensbereiche abzielen. Dies ist der Bereich, in dem sich ein Großteil der Manager am ehesten zu Hause fühlt. Hier können sie Zahlen vorweisen, Evaluationen vornehmen, Zeichen setzen und reorganisieren, wie es ihnen gefällt. Und sie können schwarz auf weiß nachweisen, dass sie Fortschritte machen.

Nichts befriedigt Manager so sehr wie handfeste Resultate!

Qualitätsmäßig müsste also alles im grünen Bereich sein, oder? Nein, eigentlich nicht.

»Die meisten Unternehmen haben gar keine Ahnung, wofür genau sie da eigentlich investieren. ›Ich bin noch nie in eine Fabrik gekommen, in der irgend jemand die Kosten kannte, die für Qualität anfallen‹, sagt Kevin Smith, Präsident der Productivity Group von Div. Productivity Inc. in Portland, Oregon. ›Es ist erstaunlich, was Design-Ingenieure alles nicht wissen, wenn es um Produktion geht‹, sagt Jane Algee, die Productibility-Managerin für das elektrooptische Sensorensystemprogramm des Comanche-Helicopters von Lockheed Martin Missiles and Fire Control in Orlando. Algee, die sich beurlauben ließ und sich gegenwärtig in Tokyo aufhält, war bis vor kurzem Präsidentin des Institute of Industrial Engineers. Sie bestätigt, dass die meisten Produktdesigner wenig oder gar nichts darüber wissen, welchen Einfluss schlechtes Design sowohl auf die Qualität als auch auf die Kosten hat. ›Es ist ernüchternd, wenn man bedenkt, dass viele dieser Designer seit über dreißig Jahren in der Industrie arbeiten, aber immer noch nicht begreifen, dass Qualität nicht umsonst zu haben ist – der Penny, den man sich heute verkneift, kann in Zukunft Hunderte Dollar kosten‹, sagt Algee. ›Das ist wohl ein typisch amerikanischer Fehler.‹«[68]

> »Neid erwacht, sobald in der Ferne ein Lachen erklingt.«
>
> *Mason Cooley*

Mit anderen Worten: Obwohl Unternehmen Milliarden in Qualitätsverbesserung investiert haben und beachtliche Resultate erzielten, ist den Leuten offenbar immer noch nicht klar, wie man es von Anfang an richtig machen kann.

Wie es scheint, macht Manager vor allem Erfolg neidisch. Und sie erlauben ihrem Neid, die Oberhand zu gewinnen.

Fangen spielen

Rückblickend betrachtet blieb den Unternehmen gar keine andere Wahl, was Qualitätsverbesserung anging. Sie wurde ihnen faktisch aufgezwungen. Als japanische Firmen begannen, in einen Markt vorzudringen, den man bis dahin für uneinnehmbar gehalten hatte, musste etwas unternommen werden.

Aus dieser Notwendigkeit heraus entstanden während der Siebziger und Achtziger Tausende von Qualitätsverbesserungsmaßnahmen. Es ging darum, die anderen einzuholen – oder endgültig aus dem Rennen zu fallen.

> »Die Niederträchtigen neiden und hassen; das ist ihre Art, Bewunderung zu zollen.«
>
> *Victor Hugo*

Und Letzteres traf einige, die sich gar nicht bemühten, es zu schaffen. Dank ihrer Gleichgültigkeit gegenüber Qualitätsansprüchen fielen sie direkt in die Kategorie der »Was ist eigentlich aus Soundso geworden«-Firmen.

Doch es kam noch etwas anderes hinzu. Viele Unternehmen waren überzeugt, Qualität allein könnte sie wettbewerbsfähig machen. Sie glaubten, die japanischen Unternehmen hätten die Welt mit Qualität erobert – und westliche Firmen bräuchten nichts weiter zu tun, als dieselbe Qualität zu produzieren, um ihre Märkte zurückzugewinnen. Doch schon bald entdeckten viele, dass sie dieses »Fangen spielen« unendlich beibehalten müssten. Sobald sie ihre Konkurrenz qualitativ eingeholt hatten, legte diese einen Schritt zu und setzte neue, höhere Qualitätsmaßstäbe fest. Also lernten die westlichen Unternehmen auf die harte Tour, dass Qualitätsverbesserung niemals aufhörte. Es war eine Aufgabe, die sich immer neu stellen würde, so lange man im Geschäft blieb.

Nichtsdestotrotz überlebte die Vorstellung, dass Qualitätsgarantie einer Erfolgsgarantie gleichkam. In ihrem Buch *Competing for the Future*[69] schreiben Hamel und Pralahad über eine Umfrage unter führenden Managern im Jahr 1994: »Beinahe 80 Prozent der befragten Manager glaubten, der Wettbewerbsvorteil im Jahr 2000 werde vor allem von der Qualität abhängen. Demgegenüber sehen nicht einmal die Hälfte aller japanischen Manager Qualität als fundamentale Voraussetzung für zukünftige Wettbewerbsfähigkeit, obschon 82 Prozent von ihnen einräumen, dass sie gegenwärtig einen wichtigen Vorteil bringt. Für 2000 sehen japanische Manager allerdings als wichtigsten Vorteil eher die Fähigkeit, neue Produkte zu schaffen und neue Geschäfte zu machen. Heißt das, japanische Manager kehren dem Qualitätsmanagement den Rücken zu? Natürlich nicht. Es bedeutet lediglich, dass Qualität im Jahr 2000 kein vorrangiges Unterscheidungsmerkmal mehr sein wird. Sie wird vielmehr Grundvoraussetzung dafür sein, es überhaupt bis auf den Markt zu schaffen. Diese Manager haben längst begriffen, dass die Wettbewerbsvorteile von morgen zwangsläufig andere sein müssen als die von heute.«

> »Primitiver Neid verkümmert angesichts der Freude anderer, und blickt voll Hass auf jene Perfektion, die er niemals erreichen wird.«
> *James Thomson*

Qualität sorgte also damals für einen Wettbewerbsvorteil; aber wie steht es heute?

Denken Sie noch darüber nach, dass Sie atmen müssen?

Heute, im 21. Jahrhundert, sollte Qualität etwas Normales geworden sein. Sie sollte tief genug in die Unternehmenskulturen eingebettet sein, um nie mehr der Aufmerksamkeit des Managements zu bedürfen. Dennoch hält sie sich bis heute ganz oben in der Agenda vieler Unternehmen. Und indem sie sie dort belassen, gestehen die Manager zwei Fehler ein: 1. Sie haben Qualität in die Arbeitsabläufe, nicht aber in das Denken der Leute bringen können; 2. Sie haben keine Ahnung, was Wettbewerbsfähigkeit in der heutigen Knowledge-based Economy bedeutet.

Wenn Sie immer noch über Qualität nachdenken, ist das so, als würden Sie sich jeden Atemzug überlegen – während die anderen schon für den nächsten Marathon trainieren.

Wie so viele der in diesem Buch beschriebenen Sünden, verrät auch die ungeminderte Aufmerksamkeit, die dem Qualitätsmanagement gewidmet wird, wie sehr Manager der Vergangenheit verhaftet sind. Dies ist ein Bereich, in dem sie sich auskennen. Hier können sie Erfolge verbuchen – und sie mit Zahlen belegen. Für Industrieunternehmen ist das tatsächlich noch relevant – beispielsweise in der Automobilindustrie. Doch in den wissensorientierten Branchen hat Qualitätskontrolle eher wenig verloren. Wie will man die Qualität von Serviceleistungen bemessen? Sollte man Fragebögen an den Abmeldetresen von Hotels auslegen? Hängt der schleppende Umsatz eines neuen Produktes mit mangelnder Qualität zusammen – oder passt es nicht in den Markt? Kam es zu spät? Ist der Preis falsch? Interessieren sich die Verbraucher überhaupt dafür?

Viele werden jetzt einwenden, dass genau dies Qualität ist. Und bis zu einem gewissen Grade könnten sie sogar Recht haben. Dem wäre so, wenn Manager alle Aspekte des Geschäftes unter dem Begriff Qualität zusammenfassten. Aber wir wissen, dass das nicht geschieht. Qualität existiert nach wie vor in einer Art Vakuum. Da gibt es Produktqualität, Verarbeitungsqualität, Verwaltungsqualität und sogar – besonders ambitioniert – Organisationsqualität. Mit Wettbewerbsqualität hat all das nichts zu tun.

> »Wir brauchen jemanden, den wir verehren und beneiden, sonst können wir nicht zufrieden sein.«
>
> *Mark Twain*

Und deshalb wird es zur Sünde.

Sich allein auf die Qualität zu konzentrieren, heißt, Manager kümmern sich ausschließlich um die greifbaren Aspekte des Geschäftsablaufs, anstatt auch um die weniger greifbaren.

Qualitätssträuße

Wir hörten unlängst die Geschichte eines Floristikunternehmens, das als Lieferant eines multinationalen Konzerns gebeten wurde, ein ISO-Zertifikat zu beantragen. Verständlicherweise war man stolz darauf, als erster Florist der Stadt seine Qualität schwarz auf weiß bestätigt zu bekommen. Eines Tages nun wurde einer der Mitarbeiter gebeten, an seinem freien Tag ausnahmsweise zu arbeiten. Es herrsche Personalknappheit, wurde ihm gesagt, und er müsse dringend Blumen ausliefern, die ein Kunde bestellt hatte. Er fragte, ob irgendjemand krank wäre. Nein, antwortete man ihm, aber die Person, die normalerweise geliefert hätte, müsste an diesem Tag die ISO-Formulare ausfüllen und könnte daher nicht arbeiten.

Eine qualitätszertifizierte Firma, die außerstande war, ihre Blumen auszuliefern? Weil sie Formulare ausfüllen mussten, um ihre Qualität per Zertifikat bestätigt zu bekommen? Das ISO-Zertifikat hat diesem Unternehmen auf jeden Fall nicht geholfen, seine Kundenfreundlichkeit zu verbessern (Kunden sind normalerweise rundum zufrieden, wenn sie ihre bestellten Blumen frisch und zum vereinbarten Zeitpunkt bekommen); aber dafür half das Unternehmen dabei, einen gewaltigen Verwaltungsapparat zu standardisieren.

Wir dachten: Na prima!

ISO und ITO sind die heutigen Qualitätssiegel. Dabei ist der eigentliche Sinn dieser Standards nichts als die Standardisierung. Sie kümmern sich um Abläufe und darum, wie gut und verlässlich Unternehmen den Abläufen folgen, die von einem Höheren Institut festgelegt wurden. ISO und ITO sind die Rosenkränze der heutigen Standardisierungsreligion. Wenngleich wir uns keineswegs dagegen aussprechen möchten, dass unternehmerische Tätigkeiten mit einem gewissen Qualitätsbewusstsein ausgeführt werden, so stellen wir doch die Notwendigkeit der Normung dieser Tätigkeiten infrage. Muss ein Floristikunternehmen mit 46 Angestellten seine Arbeit wirklich nach denselben Verfahrensvorschriften abwickeln wie ein multinationaler Konzern mit 250.000 Mitarbeitern? Der gesunde Menschenverstand würde Nein sagen; aber die Zertifikationsinstitute sagen Ja.

Qualität für Verbraucher

Qualitätsprogramme richten sich immer noch zu oft nach innen. Als entstünde Qualität in den vier Wänden eines Unternehmens, um sodann in die weite Welt geschickt zu werden, wo sie jedermann bewundern kann.

Heute entsteht Qualität am Markt. Und nirgends finden wir Menschen, die kritischer in der Qualitätsbewertung sind, als dort.

Natürlich haben viele Unternehmen erkannt, wie wichtig die Rückmeldungen der Kunden für zahlreiche Bereiche ihrer Unternehmenstätigkeit sind. Mehr und mehr Manager begrüßen das

»Customer Relation Management«, weil sie hierin den Schlüssel zur höchstmöglichen Qualität vermuten: die Kundenzufriedenheit.

Stimmt das? Zwar erhalten sie über diese neuen Kontrollsysteme Meldungen darüber, wie sich die Kunden verhalten – aber aus diesem Verhalten lassen sich keinerlei Schlüsse darauf ziehen, ob die Kunden zufrieden sind oder nicht.

Und das Problem ist, dass die Kundenzufriedenheit noch gar nicht auf einem auch nur akzeptablen Niveau angekommen ist.

Vielfach sind es die Kleinigkeiten, die Kunden verstimmen. Erst kürzlich kaufte sich einer von uns ein neues Handy, während wir auf Geschäftsreise in der Ukraine waren. Es war eine bekannte Marke, die gemeinhin für Qualität stand. Doch die Gebrauchsanweisung war – auf Italienisch!

Rufen Sie an, wenn Sie sich trauen!

Derlei Verdrießlichkeiten sind allerdings nichts im Vergleich zu den Frustrationserlebnissen, auf die Kunden sich einstellen müssen, wenn sie heute ein Callcenter anrufen.

Callcenter wurden als das Zaubermittel schlechthin angekündigt, wenn es darum ging, Kunden zufrieden zu stellen. Tag und Nacht ist jemand da, der alle Probleme lösen wird, die irgendein Kunde mit irgendeinem speziellen Produkt hat.

Großartig – so lange man sie nicht braucht. Zunächst kann es ziemlich schwierig sein, das gewünschte Callcenter überhaupt zu erreichen. Und wenn man endlich angekommen ist, landet man in einer Warteschleife, wo man eine halbe Ewigkeit mit Werbeslogans und Musik hingehalten wird. Ist man endlich mit seinem »Spezialisten« verbunden, stellt man fest, dass er oder sie kaum mehr machen kann, als einem die Stellen aus dem Handbuch herunterzubeten, die man bereits auswendig kennt. Natürlich hat man all das schon versucht, aber damit war das Problem nicht gelöst. Alle Lösungen, die »außerhalb des Buches« liegen, werden im Keim erstickt. Man bekommt immer dieselben Standardantworten – ganz gleich wie weit die eigentliche Frage vom Standard entfernt sein möge.

Anstatt die Kunden zufriedener zu machen, verschlimmern viele Callcenter die Sache noch. Und das auf Kosten der Kunden.

»Eine strahlende Qualität kann anderen Glanz verleihen oder auch einen funkelnden Makel verstecken.«

William Hazlitt

Callcenter behandeln Kunden – das höchste Gut eines jeden Unternehmens – wie Nummern. Wie Probleme, mit denen man sich lieber nicht auseinandersetzen möchte. Callcenter sind die Hightech-Entschuldigung für Qualitätsvermeidung.

Wundert es da, wenn den Kunden allmählich der Geduldsfaden reißt?

Wie steht es mit den Menschen?

Wie wir bereits erwähnten, kreist das Qualitätsdenken von Managern allzu oft um Arbeitsabläufe. Um greifbare Dinge. Selten, wenn überhaupt, beschäftigt es sich mit Menschen. Dabei sind in der heutigen Knowledge-based Economy die Menschen das eigentliche Geschäft. Das einzige Wissen, das in Unternehmen wohnt, ist technologisches Wissen. Die Fähigkeit, neue Ideen zu entwickeln, einzigartige Verbindung zwischen existierenden Technologien herzustellen oder bahnbrechende technologische Möglichkeiten zu entdecken, kann man nicht auf einer Diskette speichern. Computer können nach wie vor nicht denken; das bleibt ihren Schöpfern überlassen.

Nun werden viele einwenden, dass Menschen in den Qualitätsverbesserungsprogrammen absoluten Vorrang haben. Viele Manager werden dagegenhalten, sie betonten wieder und wieder, dass die Menschen das wertvollste Kapital ihres Unternehmens sind.

Doch was sie damit eigentlich meinen, ist: Menschen bedienen die Maschinen, die Qualität produzieren. Und wenn sie von Menschen als Werten sprechen, meinen sie lediglich, dass sie ebenso austauschbar sind wie alle anderen Werte eines Unternehmens. Sie sehen Menschen als Teil eines Prozesses – und zwar als jenen Teil des Prozesses, den sie nicht vollständig und zu ihrer Zufriedenheit kontrollieren können.

Der Schwerpunkt der heutigen Wirtschaft liegt nicht mehr auf dem industriellen Sektor. Er verlagert sich zusehends auf den Dienstleistungsbereich. Und dieser hängt stärker denn je von den Leuten ab, die dort arbeiten.

In Einzelhandels- und Cateringunternehmen steht und fällt der Erfolg mit der Zufriedenheit der Kunden. Stammkunden bilden das Herz dieser Unternehmen. Selbstverständlich spielen gleichbleibende Qualität und ausgewogenes Preis-Leistungsverhältnis eine wichtige Rolle, doch wirklich entscheidend ist der Service. Und dennoch sind in so vielen Unternehmen die Menschen, die für diesen Service zuständig sind – die also für die Kundenzufriedenheit verantwortlich sind – eben jene, die zu Niedriglöhnen und ohne jegliche Vergünstigung arbeiten. Was kommt dabei heraus? Im Servicebereich ist die Personalfluktuation höher als irgendwo sonst; sie liegt zwischen 150 bis 400 Prozent! Selbst das Führungspersonal auf diesem Sektor weist traditionell eine Fluktuation von ca. 50 Prozent auf.

> »Um die wirkliche Qualität von Menschen zu erkennen, muss man in ihre Gedanken sehen können, und ihre Vorlieben und Aversionen erkennen.«
> *Marcus Aurelius*

Mit den Worten des Starbucks-Vorstandes Howard Schultz[70]: »Diese Menschen sind nicht nur die Seele des Unternehmens, sondern das Gesicht, das es der Öffentlichkeit präsentiert. Jeder Dollar, der verdient wird, wandert durch ihre Hände. Wenn das Schicksal Ihres Geschäftes in den Händen einer 20-jährigen Teilzeitkraft liegt, die nebenbei das College besucht oder an einer Schauspielkarriere bastelt, können Sie es sich dann wirklich leisten, diese Kraft zu behandeln, als wäre sie entbehrlich?«

Doch Manager, die sich ausschließlich auf die Qualität der Arbeitsabläufe konzentrieren, machen sich genau dessen schuldig: Sie behandeln die Leute, als wären sie entbehrlich.

»Investors in People«-Standard

Glücklicherweise tut sich in einigen Unternehmen etwas. In Großbritannien gibt es sogar eine landesweite Initiative, die sich »Investors in People« nennt. Diese Initiative beschreibt sich selbst wie folgt:

»*Investors in People* ist ein nationaler Qualitätsstandard, dessen Ziel die Serviceverbesserung innerhalb Unternehmen ist. Seit der Gründung 1991 haben Zehntausende britischer Arbeitgeber, die Millionen von Menschen beschäftigen, sich mit diesem Standard auseinandergesetzt und wissen, wie vorteilhaft es ist ein ›Investor in People‹ zu sein. Über 24.000 Unternehmen sind derzeit anerkannte ›Investors in People‹, und über 24 Prozent der britischen Arbeitskräfte arbeiten heute nach diesem Standard. Die Vorgaben dienen der Verbesserung der Geschäftspolitik und der Wettbewerbsfähigkeit, indem sie einen Rahmen bieten, wie Geschäftsziele formuliert und kommuniziert werden können. Außerdem zeigen sie, wie man seine Angestellten so anlernt, dass sie diese Ziele auch erfüllen. Das Ergebnis ist, dass das, was Arbeitnehmer tun können und tun wollen mit dem übereinstimmt, was das Unternehmen braucht. Erreicht wird dieses Ziel durch einen zyklischen Entwicklungsprozess, der zu kontinuierlicher Verbesserung führt.«

Grundlage dieses Standards sind vier Kernprinzipien:

- Verpflichtung: Die Arbeitgeber verpflichten sich, in Menschen zu investieren, um ihre Geschäftsziele zu erreichen.

- Planung: Sie planen, wie Fertigkeiten, Individuen und Teams ausgebildet werden sollten, um diese Ziele erreichen.

- Handeln: Sie bilden und nutzen die notwendigen Fertigkeiten im Rahmen eines klar vorgegebenen Programms, das sich an den Unternehmenszielen orientiert.

- Evaluation: Es findet eine kontinuierliche Evaluation der individuellen Ausbildungs- und Fortbildungserfolge statt, eine Überprüfung dessen, was bereits erreicht wurde und was in Zukunft noch zu tun ist.

Die »Investors in People« sprechen von einer ganzen Bandbreite von Vorteilen, die ihr Programm bringt:

- Höhere Löhne, Produktivität und Rentabilität. Gut ausgebildete und motivierte Arbeitnehmer arbeiten mehr und besser. Die Produktivität steigt. Die Menschen geben sich größere Mühe zu verkaufen, was sich unterm Strich positiv auf das Unternehmen auswirkt.

- Weniger Kosten und weniger Verschwendung. Gut ausgebildete und hochmotivierte Arbeitnehmer kontrollieren die Effizienz ihrer Arbeit von sich aus, wodurch sie automatisch dazu beitragen, Kosten und Schwund zu vermeiden.

- Qualitativ höhere Investitionen in Arbeitskräfte verbessern nachweislich die Resultate, die sie bei Überprüfungen durch Qualitätsprogramme erhalten. *Investors in People* schneiden bei BS 5750, ISO 9000 und anderen Qualitätsstandards deutlich besser ab.

- Höhere Motivation: mehr Engagement, individuelle Fortbildung und Anerkennung für Leistungen heben die Motivation. Dadurch bessert sich die Arbeitsmoral, verringern sich Krankheitsausfälle und Kündigungen und die Akzeptanz von Veränderungen sowie die Identifizierung mit dem Unternehmen steigen.

- Kundenzufriedenheit. In Menschen zu investieren, bedeutet, den Arbeitnehmern zu helfen, sich auf die Kunden zu konzentrieren. Entsprechend können die Bedürfnisse der Kunden besser befriedigt werden, was wiederum zu höheren Profiten führt.

- Ansehen. *Investors in People* genießt in der Öffentlichkeit ein deutlich höheres Ansehen als irgendein anderer nationaler Qualitätsstandard. Bei *Investors in People* registriert zu sein, lockt qualifiziertere Bewerber an. Außerdem kaufen viele Kunden lieber bei Unternehmen, die hier registriert sind.

- Wettbewerbsvorteil durch besseren Service.

Wettbewerbsfähigkeit

Einen der Vorzüge lohnt es sich, genauer anzuschauen: »Qualitativ höhere Investitionen in Arbeitskräfte verbessern nachweislich die Resultate, die sie bei Überprüfungen durch Qualitätsprogramme erhalten.« Dieses Argument zeigt, wie weit entfernt voneinander Menschen und Qualitätsprogramme in den Köpfen vieler Manager sind. Doch so lange der Qualifizierung von Arbeitnehmern keine erhöhte Aufmerksamkeit zuteil wird, sieht es um die Zukunft eines Unternehmens – ganz gleich wie fehlerfrei es arbeiten mag – finster aus.

Qualität allein macht nicht wettbewerbsfähig, qualifiziertes Personal schon. Greifbare Werte – um die es in den meisten Qualitätsprogrammen vorrangig geht – sind weit weniger bedeutend als die Köpfe derer, die sie schaffen.

Manager, die Qualität garantieren wollen, müssen heute

nicht die Qualität der Arbeitsabläufe garantieren, sondern die des Arbeitsumfeldes. Sie müssen erkennen, dass Arbeitskräfte, deren Wissen gefragt ist, von deren Köpfen der Erfolg abhängt, sich kaum um einen Job reißen werden, in dem ihnen vermittelt wird, sie wären ähnlich austauschbar wie Schichtarbeiter in der Industrie. Menschen, die ihr Wissen zu ihrem Beruf machen, haben längst begriffen, welchen Gewinn sie Unternehmen bringen können. Und sie erwarten, dass man sie entsprechend respektiert. Sie wollen Teil eines reizvollen Arbeitsumfeldes sein, in dem ihnen bestätigt wird, dass der Erfolg qualifizierten Leuten und nicht qualifizierten Maschinen zu verdanken ist.

Theo Classen, technischer Leiter von Philips Semiconductors, vertritt die Ansicht, dass Technologielieferanten nicht mehr nur danach beurteilt werden, wie gut und zuverlässig ihre Produkte sind, sondern auch danach, wie schnell sie diese Produkte entwickeln und auf den Markt bringen können.[71] Diese Schnelligkeit erfordert bewegliches Denken und Handeln. Das wiederum kann nicht in Produktionsprozesse eingebaut werden, sondern findet in den Köpfen der Menschen statt. Die Fähigkeit, Chancen wahrzunehmen und Schritte zu ergreifen, mit denen das verfügbare Wissen eines Unternehmens genutzt wird, haben ausschließlich Menschen.

Man kann Arbeitsabläufe optimieren, so viel man will; aber wenn man die Menschen vergisst, begibt man sich in Gefahr.

> »Was immer getan wird, wird mehr, besser und leichter getan, wenn sich ein jeder einer einzigen Beschäftigung widmet, die seinen natürlichen Begabungen entspricht, zum rechten Zeitpunkt und ohne sich durch anderes ablenken zu lassen.«
>
> *Plato*

Fallstudien

Sünder: Rolls-Royce

Sünder? Rolls-Royce? Welches Unternehmen hat jemals einen solchen Ruf – weltweiten Ruf – genossen wie Rolls-Royce? Die Qualität, für die diese Marke steht, hob Rolls-Royce immer von allen anderen Automarken ab.

Gewiss ist der Name Rolls-Royce über die Jahre zu einem Synonym für Spitzenqualität geworden. Unternehmen auf der ganzen Welt haben ihn benutzt, um ihren Anspruch auf eine unanfechtbare Spitzenposition zu illustrieren: »Der Rolls-Royce unter den Hifi-Anlagen«, »der Rolls-Royce unter den Sonnenschutzmitteln«, ja sogar »der Rolls-Royce unter den Papierkörben«.

Für viele Leute ist Rolls-Royce der Inbegriff qualitativ hochwertiger, handgearbeiteter, luxuriöser und teurer Wagen. Und dennoch gehört die Autoproduktion heute nicht mehr zur Rolls-Royce-Gruppe. Die nämlich hat entschieden, sich auf die lukrativeren Unternehmensbereiche zu konzentrieren, wie beispielsweise den Turbinenbau. Wer auf die Homepage von Rolls-Royce geht, findet dort den Hinweis: »Rolls-Royce Motor Cars Limited ist Teil der Volkswagen AG und gehört nicht mehr zur Unternehmensgruppe von Rolls-Royce.«

Der Automobilzweig von Rolls-Royce gehört bereits seit 1971 nicht mehr zur Rolls-Royce-Group, sondern wurde schon damals in ein unabhängiges Unternehmen umgewandelt. Nachdem Absatz und Gewinne bis 1978 kontinuierlich zurückgingen, wurde es an Vickers verkauft. Obwohl es diesem Autokonzern gelang, die Umsätze schrittweise zu steigern, beschloss Vickers 1998, sich von Rolls-Royce zu trennen. Seinerzeit sagte der Vickers-Vorstand Sir Colin Chandler: »Wir meinen, dass dieser Schritt im Interesse sowohl der Aktionäre als auch des Unternehmens Rolls-Royce Motor Cars ist. Wir haben dieses Unternehmen erfolgreich durch die letzte Rezession bis in die gegenwärtige Hochphase des Investmentgeschäfts gebracht, wobei wir seinen Wert für die Vickers-Aktionäre wohl maximiert haben dürften.«[72] Mit anderen Worten: Wir verkaufen jetzt, weil wir nicht sicher sind, wie es weitergeht.

BMW, die seit Jahren die Motoren für Rolls-Royce lieferten und daher als Übernahmekandidaten am naheliegendsten waren, und Volkswagen lieferten sich eine erbitterte Schlacht. Am Ende kaufte Volkswagen das Unternehmen – aber BMW erhielt in einem gesonderten Abkommen mit dem Rolls-Royce-Mutterkonzern den Namen zugesprochen.

Und das war es, worum es eigentlich ging. Das Unternehmen spielte keine Rolle und der Wagen selbst ebenso wenig. Aber der Ruf, der an dem Namen haftete, das Qualitätsimage, das damit verbunden wurde, waren BMW 70 Millionen Dollar wert. Und die Fabrik? Sie produziert weiter Luxuswagen, doch ab Ende 2002 werden es Bentleys sein. Ohne die Investitionen von Vickers und Volkswagen wäre Rolls-Royce als Automarke schon lange nicht mehr da.

Heilige: Porsche

Porsche ist die kleinste von sechs deutschen Automarken, jedoch mit einem Reingewinn von 11,9 Prozent auf den Gesamtverkaufswert eine der profitabelsten weltweit. Porsche verzeichnete selbst dann noch Zuwachs an Gewinn- und Verkaufszahlen, als zahlreiche andere führende Autohersteller herbe Umsatzrückgänge, wenn nicht gar Verluste, zu verzeichnen hatten.

Wendelin Wiedeking, der Geschäftsführer von Porsche, führt die Stabilität des Unternehmens auf die technischen und kaufmännischen Qualitäten zurück. Und die überlegene Technik ist tatsächlich einer der Schlüsselfaktoren. Die positiven Erfahrungen, die Porsche-Kunden machen, tragen erheblich dazu bei, dass Porsche einen klaren Wettbewerbsvorteil genießt.

Auf der Homepage des Unternehmens heißt es: »Qualität ist eine Frage der Einstellung; für die einen ist die Belastbarkeit der Materialien, für die anderen die Faszination des Fahrens. ›Porsche-Qualität‹ bedeutet, beides gleichzeitig zu haben.«[73] Dass über 70 Prozent aller jemals gebauten Porsches immer noch fahren, beweist den hohen Qualitätsanspruch, den der Hersteller an seine Wagen stellt. Diesen Anspruch begreift man bei Porsche als Herausforderung für die Zukunft.

Bei Porsche kennt Qualitätsbewusstsein keine Einschränkungen. Was bislang erreicht wurde, ist der Ausgangspunkt für die Qualität, die man in Zukunft erbringen will. So wird das Cabriolet-Dach bei Porsche insgesamt 6.000-mal abwechselnd bei extremer Hitze und extremer Kälte (-10°C) geöffnet und geschlossen; die Fenster werden 4.000-mal rauf- und runtergefahren; die Türen werden 100.000-mal geöffnet und wieder geschlossen. Diese Testmethoden sind Resultate jahrelanger Erfahrungen, und bei Porsche erachtet man sie für unabdingbar für die Qualitätssicherung.

»Wir kombinieren das Mögliche mit dem scheinbar Unmöglichen. Hierin möchten wir uns von unseren Konkurrenten abheben. Und zwar bewusst. Bei Porsche bestehen die letzten Tests darin, bis an die äußersten Grenzen zu gehen, alle Möglichkeiten hervorragender Technik auszuschöpfen. Wir sehen jede Idee als eine Chance.

Porsche kann langfristig als unabhängiger Autohersteller nur überleben, wenn sämtliche Produktionsprozesse und Produktionsabläufe laufend optimiert werden. Und dafür müssen wir uns immer weiter verbessern. Wir suchen täglich nach neuen Ideen, wobei wir dem Motto folgen: Es geht nicht darum, Erreichtes um seiner selbst willen zu erhalten, sondern es als Potenzial für die Zukunft zu nutzen.«

Das trifft vor allem für den Umgang mit den Kunden zu. Die letzten Jahre haben gezeigt, dass jeder Mitarbeiter bei Porsche begriffen hat, wie wichtig die Kunden sind. Nehmen wir zum Beispiel das Band in Stuttgart, von dem um die 145 Neuwagen pro Tag rollen. Dies ist keine triste Fabrikhalle, in der Arbeiter stur an ihren Maschinen kleben. Es beginnt schon damit, dass jedes Auto auf dem Band unterschiedlich ist. Da kommt ein 40.000-Dollar-Boxster vor einem 150.000-Dollar-GT2-Carrera mit 10-Zylindermotor und einer Höchstgeschwindigkeit von über 220 km/h, gefolgt von einem der acht Basismodelle von Porsche. Jeder Wagen wird auf Kundenwunsch angefertigt. Wenn man alle Variationen von Sitzen, Armaturen, Innenauskleidung, Motorentypen, Karosserie etc. betrachtet, gibt es über eine Milliarde mögliche Kombinationen. Und dabei sind die Farben noch nicht mitgerechnet. Porsche lackiert die Wagen in allen Farben, die die Kunden wünschen, wie etwa in dem besonderen Rot-Ton, den ein Texaner bestellte, damit der Wagen zum Lieblingslippenstift seiner Frau passte. Der Arbeiter, der die letzten drei Lackschichten aufträgt, ritzt seinen Namen in den kleinen Zwischenraum hinter dem rechten Rücklicht. Diese persönliche Zeichnung ist den Arbeitern wichtig, und sie wirkt sich letztlich positiv auf die Erfahrung aus, die die Kunden mit diesen Wagen machen. Porsche lässt sich in allem von dem Motto leiten, »Weniger ist manchmal mehr«, und zwar auf sämtlichen Ebenen. Produktivität bei Porsche ist ein immerwährender Prozess von Verbesserung und Verfeinerung. Schon in den Frühstadien der Modellentwicklung setzen sich die Produktionsfachleute mit den Lieferanten zusammen, um Informationen und Wissen auszutauschen. Der Anteil der Eigenfertigung bei Autoteilen konnte auf 20 Prozent reduziert werden. Im Rahmen eines selbstentwickelten Programms reduziert Porsche die Lagerhaltung weiter und garantiert dadurch eine Produktionsplanung, die sämtliche verfügbaren Hightech-Ressourcen ausnutzt. Lagerungs- und Produktionszeiten wurden bereits zuvor halbiert.

Neben der beachtlichen Rentabilität erreichte Porsche einen Grad an Flexibilität, wie es ihn hier noch nie gegeben hatte. Auf einem Laufband können heute 911er- und Boxster-Modelle in allen erdenklichen Variationen gebaut werden. Das zahlt sich insbesondere dann aus, wenn eine neue Produktserie geplant wird – dieses Laufband sorgt für echte Dividende. Kein Wunder, dass Porsche einen eigenen Consulting-Dienst anbietet, der andere Firmen in die Geheimnisse verschlankter Unternehmensorganisation einführt.

7

Die siebte Todsünde:
Stolz an der Konzernspitze

Alle Erfolge sich selbst zuschreiben, ohne Rücksicht auf andere

Sie sind nicht dort hingekommen, wo Sie jetzt sind, indem Sie allen Schwierigkeiten aus dem Weg gingen. Sie haben sich nicht vor Entscheidungen gedrückt. Sie tun, was getan werden muss – zum Wohle aller. Hat man Sie nicht überhaupt nur engagiert, weil Sie einiges vorzuweisen hatten? Wichtige Entscheidungen kann man nicht an irgendwelche Komitees delegieren – sie müssen umgehend getroffen werden. Und zwar von Ihnen, denn Sie allein wissen über alles Bescheid. Sie allein sind in einer Position, von der aus man die Dinge überblicken kann. Sie wissen, wohin Ihr Unternehmen geht. Die anderen begreifen einfach nicht die großen Zusammenhänge. Die anderen sind eben nun einmal nicht Sie ...

Der Stolz-Check

Sie sind bekannt für Ihre schnellen Entschlüsse, Ihre Gradlinigkeit und Ihre Qualitäten als Problembeseitiger. Sie sind derjenige, von dem die anderen Lösungen erwarten. Doch wie häufig bauen diese Lösungen ausschließlich auf persönlichen Stolz? Machen Sie den Test, und finden Sie heraus, ob Sie sich der Sünde des Stolzes schuldig machen.

1. Ihr Leiter für Finanzen sagt Ihnen, dass die Gewinnaussichten Ihres Unternehmens nicht gerade rosig sind. Was tun Sie?
   a) Sie verkaufen Ihre Aktien .... ☐
   b) Sie kündigen ein Verschlankungsprogramm an ... ☐
   c) Sie sehen sich nach neuen Tätigkeitsfeldern um ... ☐

2. Sie entwerfen einen Plan für eine Website Ihres Unternehmens. Ist Ihr Hauptargument dafür
   a) dass Sie progressiv erscheinen möchten .... ☐
   b) dass Sie Informationen verbreiten wollen .... ☐
   c) dass Sie das Geschäft ankurbeln möchten .... ☐

3. Sie beauftragen einen Ausschuss, Ihnen Empfehlungen für neue Geschäftsmöglichkeiten zu geben. Bitten Sie
   a) um eine detaillierte Analyse der potenziellen
      Gewinne .... ☐
   b) um eine Zusammenfassung auf einem A4-Blatt ... ☐
   c) nur um die Sachen, die Sie unbedingt wissen
      müssen .... ☐

4. Sie werden gefragt, welches Ihre vorstechendsten Managementqualitäten sind. Ist es
   a) die Gabe, zuhören zu können .... ☐
   b) schnelle Entscheidungen zu treffen .... ☐
   c) Dinge durchzusetzen .... ☐

5. Ein Bericht, den Sie in Auftrag gegeben haben, kommt zu dem Ergebnis, dass Sie Ihre Marke neu positionieren müssten. Was tun Sie?

a) Sie legen den Bericht zu den Akten, um später hineinzusehen ....☐

b) Sie machen den Laden dicht, weil »hier keiner eine Ahnung davon hat, in was für einem Geschäft wir sind« ....☐

c) Sie bitten um einen genauen Kostenplan ....☐

6. Sie suchen nach Expansionsmöglichkeiten. Wie gehen Sie es an?

a) Sie kündigen einen Preisnachlass auf Ihre bisherigen Produkte an ....☐

b) Sie kaufen ein Unternehmen, das in einer verwandten, aber doch anderen Branche arbeitet ......☐

c) Sie prüfen, inwieweit sich die vorhandenen Kompetenzen besser nutzen ließen ....☐

7. Ein Kollege empfiehlt Ihnen ein neues Managementbuch. Wie reagieren Sie?

a) Sie grinsen und sagen, Sie hätten keine Zeit für irgendwelche neumodischen Ideen ....☐

b) Sie danken ihm und vergessen das Ganze ....☐

c) Sie kaufen das Buch ....☐

8. Sie werden zu einem Management-Trainingkurs eingeladen, der sich an Topmanager wendet. Was tun Sie?

a) Sie sagen Ihrer Sekretärin, sie solle Sie nicht mit solchem Unsinn belästigen ....☐

b) Sie nehmen an dem Kurs teil ....☐

c) Sie buchen den Kurs, sagen dann aber kurzfristig ab, weil Sie zu viel zu tun haben ....☐

9. Sie führen ein Bewerbungsgespräch mit jemandem, der einen Posten im gehobenen Management bekommen soll. Fragen Sie ihn oder sie nach
   a) bisherigen Arbeitserfahrungen .... □
   b) dem Golf-Handicap .... □
   c) ihrem Managementtraining .... □

10. Sie sollen einen Satz wählen, der Ihren Führungsstil am treffendsten beschreibt. Ist es
    a) Ich kriege die Dinge in den Griff .... □
    b) Ich setze klare Linien .... □
    c) Ich akzeptiere keine Entschuldigungen .... □

Auswertung

1.:	a) 9	b) 12	c) 2 Punkte
2.:	a) 5	b) 9	c) 1 Punkte
3.:	a) 2	b) 15	c) 27 Punkte
4.:	a) 1	b) 6	c) 5 Punkte
5.:	a) 4	b) 9	c) 2 Punkte
6.:	a) 4	b) 8	c) 0 Punkte
7.:	a) 8	b) 5	c) Vielen Dank, Sie sind ein wahrer Heiliger!
8.:	a) 9	b) 1	c) 2 Punkte (dafür, dass Sie es versucht haben)
9.:	a) 2	b) 12	c) 7 Punkte
10.:	a) 6	b) 2	c) 11 Punkte

0 ➤   ➤ 80

Tragen Sie Ihre Gesamtpunktzahl auf der Skala ein. Je weiter rechts Sie stehen, umso mehr ist Ihre Seele in Gefahr!

Seien wir ehrlich: Management ist nicht so einfach, wie es uns viele Leute glauben machen wollen. Dauernd müssen Lösungen für bestehende Probleme gefunden, die Nachwirkungen alter Probleme in den Griff bekommen und zugleich neue Probleme vermieden werden. Und dann ist da natürlich noch der Shareholder Value, den es zu schaffen gilt. Außerdem muss den ständig verschärften Umweltschutzauflagen Genüge getan werden, man muss die besten Angestellten suchen und halten, Strategien für die kommenden Jahre entwickeln, die Konkurrenz in Schach halten, nach neuen Möglichkeiten suchen, für Motivation sorgen, die Rentabilität steigern, die neuesten Qualitätsrichtlinien erfüllen, seiner moralischen Verantwortung gerecht werden, Kosten senken und Löhne anheben, das Markenimage verbessern und Netzwerke aufbauen. Die Liste scheint endlos.

>»Stolz ist selten wählerisch, er gibt sich auch mit sehr billigen Vorteilen zufrieden.«
> Samuel Johnson

Das Los des Managers ist wahrlich kein leichtes.

Dennoch sind die meisten Manager überzeugt, sie machten ihren Job so gut es irgend geht. Selbstverständlich lässt sich immer und überall etwas verbessern, aber im Großen und Ganzen liefern sie gar keine schlechte Show ab. Und diese Show sähe sogar noch besser aus, wenn man berücksichtigt, dass der Markt eingebrochen ist, das zuletzt eingeführte Produkt zwar exakt auf die Kundenbedürfnisse zugeschnitten war, aber nicht recht ankam (was schließlich eine Frage des Marketings ist), und der Zeitdruck beständig größer wird.

Was soll ein Manager dagegen tun?

Ganz einfach: Er muss es in den Griff bekommen. Er muss die schnellsten, billigsten und effizientesten Lösungen finden und sie umgehend anwenden.

Es ist alles eine Frage der Erfahrung

Wundert es da, dass die meisten Managemententscheidungen auf der Basis aller Erfahrungen getroffen werden, die ein Manager im Laufe seiner Karriere gesammelt hat? Sind diese Erfahrungen nicht die Grundlage seiner bisherigen Erfolge? Gehört seine erwiesene Fähigkeit, Stürmen zu trotzen, nicht zu den Eigenschaften, die ihn für seinen Posten prädestiniert haben?

Natürlich kann Erfahrung von unschätzbarem Wert sein. Erfahrungen im Aushandeln von Tarifverträgen mit Gewerkschaftsvertretern können für ein Unternehmen ausgesprochen nützlich sein. Und das persönliche Netzwerk, dass sich jemand über Jahre aufgebaut hat, kann sich als sehr wertvoll erweisen, wenn das Unternehmen neue Investoren oder Partner sucht.

> »Stolz ist das Eingeständnis von Schwäche; er fürchtet sich insgeheim vor jedwedem Wettbewerb und ängstigt sich vor seinen Rivalen.«
>
> *Fulton J. Sheen*

Doch dieselbe Erfahrung kann zu einem Boomerang werden. Die Lösungen sind allzu identisch mit denen, die derselbe Manager auch zuvor angewandt hat. Er handelt aus der Überzeugung heraus, dass, was in der Vergangenheit richtig war, auch in der Gegenwart gut sein muss. Die Umstände mögen sich verändert haben – aber die Probleme sind genau genommen die gleichen. Warum sollte man sich dann die Mühe machen, nach Alternativen zu suchen, wenn es Wege gibt, die sich bereits als gangbar erwiesen haben? Sowieso hat man gar keine Zeit, jedes Mal das Rad neu zu erfinden, wenn neue Probleme auftauchen.

Sie sind stolz auf Ihre Arbeit – und auf die Art, wie Sie sie machen!

Gute Ausbildung – falscher Lebenslauf

Das Problem ist, dass heutige Manager zum größten Teil Erfahrungen aus Industrieunternehmen mitbringen. Was sie gelernt haben, funktionierte in Industriebetrieben: Rückläufige Nachfrage? Rationalisieren. Mitarbeiter sind entbehrlich und lassen sich jederzeit neu gewinnen, wenn die Nachfrage wieder steigt. Ein neuer Konkurrent macht sich auf Ihrem Markt breit? Versuchen wir es mit Preissenkungen. Der kurzfristige Verlust kann leicht wieder aufgeholt werden, sobald der andere das Handtuch geworfen und sich zurückgezogen hat. Und was ist, wenn ein Konkurrent aus Übersee plötzlich entscheidet, sich auf einem Feld zu versuchen, auf dem es nur Platz für wenige Spieler gibt? Dann organisiert man ein Golfspiel und trifft ein paar Absprachen, die es ihm sehr schwierig machen dürften, hier eine Chance zu bekommen.

Doch all diese Lösungen funktionieren in der Knowledgebased Economy nicht mehr. Rationalisierung bedeutet nicht nur Verlust von Arbeitskräften, sondern Verlust von Denkern. Und wie wollen Sie diese Denker zurückgewinnen, wenn Sie ihnen erst einmal vermittelt haben, dass Sie ihnen keine langfristigen Sicherheiten bieten können? Preissenkungen resultieren gewöhnlich in Gewinneinbrüchen, die sich kaum ausgleichen lassen, wenn die Lebensdauer von Produkten in Monaten statt in Jahren gemessen wird. Verschwörungen gegen die Konkurrenz? Schön und gut, außer dass gerade dieser Konkurrent eventuell der ideale Partner für Ihr nächstes Projekt sein könnte.

Neue Gegebenheiten in einer neuen Wirtschaft erfordern neue Lösungen.

Wir alle müssen uns ändern

Wie häufig greifen Manager nach Veränderung als Mittel zur Problembewältigung? Sie reden von der Notwendigkeit eines neuen Denkens, neuer Arbeitsmethoden, größerer Bereitschaft, unter veränderten Bedingungen zu arbeiten, und von immer neuen Fortbildungsmaßnahmen. Doch sie setzen all das selten in die Praxis um.

Weil sie, wie sie sagen, nicht die Zeit dazu haben. Und außerdem kann nichts einen reichhaltigen Erfahrungsschatz ersetzen.

Das ist ebenso wahr, wie eine Buchhalterlehre die perfekte Grundlage für Gehirnoperationen liefert!

Veränderung – und wir sprechen hier von einer Veränderung des Denkens und der Einstellung – ist von essentieller Bedeutung für den Übergang von der Industriewirtschaft in die Knowledge-based Economy. Wir müssen uns neuen Einblick in die Rolle unseres Unternehmens verschaffen und dessen Stärken und Schwächen exakt kennen. Wir können nicht so tun, als wäre alles wie immer – weil in der heutigen Geschäftswelt *nichts* mehr so ist wie es war.

> »Wer mit der Wahl konfrontiert ist, entweder seine Meinung zu ändern oder zu beweisen,
> warum er es nicht tun muss, wird sich fast immer daran machen, die Überflüssigkeit der Veränderung zu beweisen.«
>
> *John Kenneth Galbraith*

Die wenigsten Manager finden sich damit ab, dass Menschen sich nicht ändern können, »weil wir es immer so gemacht haben«. Dennoch handeln sie insgeheim nach demselben Prinzip – wenngleich sie es nicht zugeben würden. Sie machen alles genauso wie sie es immer getan haben. Sie erhalten einen Status quo.

Wussten Sie, dass von der *Fortune*-Liste der 500 Topunternehmen von 1970 noch gerade 4 Prozent – ja, 4 Prozent – sich in der 1991er-Liste wiederfanden? Man kommt nicht voran, indem man bleibt, was man ist. Das gilt sowohl für Unternehmen als auch für Manager.

Ran an den Erfolg

Es herrscht die gängige Meinung, dass Erfolg Erfolg hervorbringt. In gewisser Weise trifft das sogar zu. Doch heute glauben viele Unternehmen, ein Manager, der in einer Branche erfolgreich war, könnte es in jeder anderen Branche auch sein. Dies gilt insbesondere für die Telekommunikationsindustrie. Als dieser Industriezweig ins Trudeln kam, sahen sich alle großen Unternehmen hektisch nach Managern um, die Wunder vollbringen könnten. Die *Financial Times*[74] berichtete: »Die drei Großen der Telekommunikation holten sich ihre neuen Geschäftsführer aus der Computerindustrie, und die waren nachgerade versessen darauf, Geld auszugeben. Mike Armstrong kam von Industrial Business Machines zu AT&T, Sir Peter Bonfield wechselte von ICL zu BT und Ron Sommer eilte von Sony herbei, um die frisch-privatisierte Deutsche Telekom zu übernehmen.«

Wenngleich es die eine oder andere Gemeinsamkeit zwischen dem Computergeschäft und der Telekommunikationsindustrie gibt, muss man sich fragen, ob irgendeiner dieser hochangesehenen Manager genau wusste, welche besonderen Herausforderungen und Chancen die Telekommunikationsbranche mit sich brachte. Waren sie herbeigerufen worden, um die Unternehmen in die Zukunft zu führen? Oder hatte man sie gerufen, um die Sünden der Vergangenheit auszumerzen?

Die meisten Manager behaupten, Ersteres wäre ihre eigentliche Aufgabe; und die meisten von ihnen machen am Ende Letzteres.

In ihrem Buch *Competing for the Future*[75] beschreiben Hamel und Pralahad die typische Haltung, die Manager in besonders angespannten Zeiten oder Krisen annehmen. »Wenn die

Geschäfte zurückgehen, ist die Annahme die, dass das Unternehmen zu voluminös geworden ist. Also werden Investments und Belegschaft attackiert. Wenn das nicht hilft, was gewöhnlich der Fall ist, kommen Topmanager zu dem Schluss, im Unternehmen machte sich allgemeine Trägheit breit und die ursprünglichen Arbeitsprozesse kämen durch zu viel überflüssige Bürokratie und ›Scheinarbeit‹ ins Stocken. Also wird ein Restrukturierungsprogramm in Gang gesetzt, durch das allzu schleppende Abläufe wieder in Form gebracht werden sollen. Doch ... Restrukturierung und Rationalisierung sind am Ende vielleicht zu wenig und kommen zu spät ... Damit die Veränderungskurve tatsächlich nach oben verläuft ... muss das Topmanagement erkennen, dass ihr Unternehmen eventuell blind und fett und faul ist.«

»Der Mensch, der glaubt, alles zu wissen, ist besonders denjenigen von uns ein Greuel, auf die das zutrifft.«

Harold Coffin

Mit anderen Worten: Manager greifen nach Mitteln der Industriewirtschaft – selbst wenn ihr Unternehmen fest in der Knowledge-based Economy verwurzelt ist.

Und sie sind auch noch stolz darauf!

Profilierung

Vielleicht läuft das alles am Ende auf mangelnde Courage hinaus. Es ist gewiss einfacher, sich einen Managementstil anzueignen, der seit Jahren erprobt ist und sich bewährt hat. Niemand sollte einem deshalb Vorwürfe machen. Immerhin sind viele dieser Strategien überaus wirkungsvoll. Man brennt dem Unternehmen sozusagen seinen Stempel auf. Manager tun nicht nur etwas, sondern sie werden auch dabei *gesehen*, wie sie etwas tun.

Und diese Tatsache schlägt sich auf all ihre Tätigkeitsfelder nieder. Wir möchten noch einmal Hamel und Pralahad[76] zitieren: »Viele Unternehmen verlassen sich auf große, kühne Firmen-zukäufe und eine grundsätzliche Bereitschaft zur ›Intrapreneurship‹, die zur Erholung des Geschäftes beitragen … Im Topmanagement gilt der Kauf eines großen Unternehmens oft als einziger Ausweg für einen Konzern, der hoffnungslos überaltert ist … Akquisitionen sind vielfach eine bequeme Alternative für Führungskräfte, die intellektuell zu unambitioniert sind, um sich Gedanken darüber zu machen, wie die Zukunft in der eigentlichen Branche ihres Unternehmens aussehen könnte, und zu phantasielos, um neue Wege zu finden, wie die bestehenden Kapazitäten genutzt werden können.«

Aber sie machen Schlagzeilen! Und sie beweisen dem Markt – genauer: dem Aktienmarkt – dass es ihrem Unternehmen um das ganz große Geschäft geht.

Das Bedürfnis danach, beobachtet zu werden, während man Dinge tut, spiegelt sich ganz besonders anschaulich in der Hektik, mit der alle auf das Internet losstürzten. Bei dem Brimborium, das um das World Wide Web veranstaltet wurde, kam manch ein Manager zu der Überzeugung, dies wäre der einzig richtige Weg. Geh ins Internet und deine Seele wird gesund. Doch man fragt sich zwangsläufig, wie viele Manager tatsächlich über die Wirkungen eines solchen Schrittes nachgedacht haben, ehe sie auf den fahrenden Zug aufsprangen.

> »Gelegentlich stolpern Menschen
> über die Wahrheit,
> doch die meisten springen schnell
> wieder auf und eilen weiter,
> als wäre nichts geschehen.«
> *Sir Winston Churchill*

Jeder weiß von dem Erfolg von amazon.com. Ein paar Jungunternehmer haben ein Online-Buchgeschäft aufgemacht und damit ein Vermögen verdient. Wenn die das können, warum sollten wir es dann nicht auch?

Die Antwort lautet: Weil die Homepage von amazon.com lediglich ein kleines Portal ist, hinter dem sich ein überaus effizientes und gut organisiertes Verteilersystem verbirgt. Amazon.com wusste gleich, dass in der Welt des click-und-weg kein Kunde bereit wäre, wochenlang auf seine bestellte Ware zu warten. Deshalb sieht ihr System eine prompte Reaktion auf jede Bestellung vor, in der angegeben ist, wann genau die Lieferung erfolgen wird. Sie haben begriffen, dass die Kunden eine schnelle Antwort wünschen, und daher haben sie ein System geschaffen, in welchem diese garantiert ist.

Aber wie viele Unternehmen im Internet antworten heute tatsächlich prompt auf Kundenanfragen? Wie viele wissen, dass eine Homepage mit einem speziellen Hintergrund versehen sein sollte, der sofortige Reaktion ermöglicht? Nichts ist für den potenziellen Kunden frustrierender, als um Informationen zu bitten und dann tage- oder wochenlang darauf zu warten. Die Unmittelbarkeit des Internet verlangt nach unmittelbarer Reaktion. Und wenn die nicht erfolgt, besteht wenig Hoffnung, dass ein Kunde diese eine Website auf seine Favoritenliste setzen wird.

Die Internet-Wahrheit

»Eine Untersuchung britischer und deutscher Unternehmen hat ergeben, dass die Mehrzahl von ihnen sich nur deshalb auf E-Commerce-Strategien eingelassen hat, um nach außen modern und optimistisch zu wirken. Die wenigsten Befragten sagten, dass sie durch E-Commerce Kosten einsparen konnten oder sich daraus große Veränderungen für ihr Unternehmen ergeben hätten. BT Ignite, die die Studie durchführten, kamen zu dem Schluss, kein Unternehmen könne wirklichen Nutzen aus dem E-Commerce ziehen oder mit dessen Hilfe Unternehmensabläufe verbessern, solange es nicht wirklich davon überzeugt wäre. E-Commerce-Strategien zu übernehmen, meinten 71 Prozent der britischen und 65 Prozent der deutschen Unternehmen, hätte sie in den Augen der Kunden progressiver und moderner aussehen lassen. Danny Garvey, ein Sprecher von BT Ignite, sagte, viele Unternehmen wären scheinbar auf den fahrenden E-Commerce-Zug gesprungen, ohne groß darüber nachzudenken, was sie damit bezweckten. In dem Bericht bestätigen 25 Prozent der Befragten aus beiden Ländern, sie hätten sich davon vor allem kurzfristige Gewinne erhofft, und 50 Prozent meinten, sie hätten keinen Business-Plan gehabt, auf den sie ihren Schritt hin zu elektronischeren Arbeitsweisen stützten.«[77]

In der Welt des E-Commerce kam ganz sicher der Hochmut vor dem Fall.

Die Publicity-Jagd

Sieht man sich diesen Bericht genauer an, fragt man sich zwangsläufig, warum Manager blind auf ein Terrain loshetzen, auf das ihnen kein Schutzengel folgen wird? Die Antwort darauf ist ganz einfach die, dass die Medienwirksamkeit des Internet sehr überzeugend wirkte. Die Profilierungsmöglichkeiten schienen beinahe unbegrenzt, so dass sie die Aufmerksamkeit der Manager magisch anzog. Den meisten genügte der leiseste Verdacht, sie könnten ins Aus rutschen, wenn sie nicht mitmachten. Man könnte sagen, sie wären allein deshalb in das Online-Geschäft eingestiegen, um auf Nummer sicher zu gehen!

Aber es gibt noch eine zweite, etwas komplexere Antwort auf diese Frage, die ausschließlich mit Prioritäten zu tun hat. Manager verbringen ihre Zeit mit Management. Sie versuchen, mehr in weniger Zeit zu schaffen. Das allgegenwärtige Zeitmanagement belegt, wie ausgeprägt das Bedürfnis nach »Effizienz« bei Managern ist. Konferenzen werden so kurz wie möglich gehalten. Entwürfe und Konzepte sollen »nicht länger als eine Seite« sein. »Tiefenanalysen« sind out, »kurze Schlussfolgerungen« sind in. »Sag mir nur, was ich unbedingt wissen muss« lautet die allgemeine Arbeitsanweisung.

Ein bisschen Wissen kann ziemlich riskant sein. Dennoch nötigen sich die meisten Manager Entscheidungen ab, die einzig auf oberflächlichen Informationen basieren. Und sie stehen sogar dazu, indem sie wieder und wieder betonen, was für exzellente Leute sie für die Laufarbeit haben, die ihnen den Freiraum lassen, sich ganz aufs Management zu konzentrieren.

Manager lassen es heute zu, von Terminkalendern beherrscht zu werden. Und die wenigsten – wenn überhaupt welche – sind willens oder in der Lage, mehr als ein paar Stunden darauf zu verwenden, sich auf den »neuesten Stand« in Sachen Managementtheorien und –techniken zu bringen. Entsprechend greifen sie nach allem, was Publicity verheißt. Das ist etwas, was sie schnell und leicht verstehen. Vorherrschende Trends liefern Managern schnelle Lösungen. Na ja, und wenn alle so viel davon reden, kann es wohl nicht richtig schlecht sein.

Aber Trends – genauso wie Produkte – sind immer kürzeren Lebenszyklen unterworfen. Was heute neu und aufregend ist, kann morgen schon veraltet sein. Und wenn Trends keine handfesten Resultate liefern, werden sie gleich wieder verworfen.

Die Gefahr, dass genau das mit dem E-Commerce geschieht, ist groß. Erst wurde ein Riesenrummel darum veranstaltet, dann bemerkte man, dass der Rummel zu übertrieben gewesen war, und jetzt kehren die Manager ihm den Rücken zu, ohne sich je die Zeit genommen zu haben, die wirkliche Bedeutung und die Chancen des Internets zu ergründen. Wenn der neue Trend sagt, der alte wäre tot, muss es wohl stimmen.

Die Angst vor dem Manager

Doch es gibt noch einen anderen wichtigen Aspekt, der finsterer ist als alle anderen. Viele Topmanager verfügen über eine – wie sollen wir es am besten ausdrücken? – recht starke Persönlichkeit. Oftmals jagen sie ihren Mitarbeitern regelrechte Angst ein, selbst jenen, die sehr eng mit ihnen zusammenarbeiten. Der Stolz der Manager ist auf ein derart hohes Niveau geklettert, dass sie nicht einmal mehr den leisesten Widerspruch dulden. Sie schätzen es einfach nicht, wenn jemand Bedenken anmeldet bezüglich ihrer Pläne. Sie festigen ihre Position, indem sie ihre Persönlichkeit ausspielen. Dabei fand der Psychologe Daniel Goleman[78] heraus, dass »Führungskräfte eher selten ihre eigenen Fähigkeit richtig einzuschätzen vermögen«.

Die Angst vor dem Geschäftsführer war ausschlaggebend am Scheitern eines von Samsungs Lieblingsprojekten beteiligt. Vorstandsmitglied Lee Kun Hee, ein überzeugter Autonarr, beschloss eines Tages, Samsung in das heiß umkämpfte Autogeschäft zu bringen. Die notwendigen Investitionen beliefen sich auf 13 Milliarden Dollar, und zahlreiche Führungskräfte des Unternehmens hegten ernste Bedenken gegenüber diesem Projekt. Doch niemand sagte etwas. Also bekam Lee Kun Hee, was er wollte. Nur ein Jahr nach Produktionsbeginn musste Samsung Motors aufgeben, und Lee war gezwungen, 2 Milliarden Dollar aus seinem Privatvermögen bereitzustellen, um die Gläubiger zu befriedigen. Seine Reaktion: »Warum hat denn keiner was gesagt?«[79]

> »Meine Vorstellung von einer sympathischen Person ist die einer Person, die mit meiner Meinung sympathisiert.«
>
> *Benjamin Disraeli*

Differenzierteres Herangehen

Eigentlich lässt sich all das auf den Widerwillen der Manager zurückführen, Dinge differenziert anzugehen. Manager sind es gewöhnt, vor Entweder-Oder-Entscheidungen zu stehen. Sie entscheiden sich für die eine oder die andere Sache. Doch neuerdings müssen sie bei ihren Entscheidungen immer häufiger mit widersprüchlichen Anforderungen zurechtkommen. Sie haben es mit Und-Und-Entscheidungen zu tun, für die es keine klaren Vorgaben gibt. Niemand zeigt ihnen, welcher Weg der richtige ist. Soziale Verantwortung verleiht der Notwendigkeit kostendeckender Produktion eine neue Dimension. Hinzu kommen Umweltschutzvorschriften, die die Komplexität von Entscheidungen erheblich steigern.

Differenzierte Problemanalyse lässt sich nicht auf einer A4-Seite bewerkstelligen. Das hat uns beispielsweise Shell Mitte der Neunziger gezeigt. Sie hatten ein schwimmendes Öl-Kaufhaus, das überflüssig geworden war. Also beschlossen sie, es zu versenken.

>»Eines Herren Narr zu sein ist schlimm genug, der Eitle aber ist aller Herren Narr.«*

William Penn

Eine einfache Entweder-Oder-Entscheidung. Und dennoch erwies sich diese Entscheidung als eine, die weitreichende Konsequenzen für das Unternehmen haben sollte.

»Die Brent-Spar-Paradoxie zeigt, dass Unternehmen ihre Entscheidungen nicht mehr losgelöst von allen anderen Entwicklungen treffen können. Der Beschluss, das schwimmende Öl-Kaufhaus im Ozean zu versenken, mag vielleicht ökonomisch sinnvoll gewesen sein, aber er erwies sich als sozial unhaltbar. Die ökologisch-begründeten Einwände von Umweltschutzorganisationen wie Greenpeace und der daraus resultierende Druck der Medien zwangen Shell schließlich, ihre Entscheidung neu zu überdenken und nach anderen Lösungen zu suchen. Wie der Unternehmenschef Herkströter auf einem Seminar in Amsterdam sagte: ›Unser technisches Wissen, das uns sagt, Probleme müssen erkannt, isoliert und gelöst werden, ist im Hinblick auf technische Belange vollkommen ausreichend. Doch bei sensibleren Problemkonstellationen greift es zu kurz. Während es für technische Probleme oft nur eine mögliche Lösung gibt, kann die Suche nach Lösungen sozialer oder politischer Probleme mehrere mögliche Antworten ergeben, die beinahe immer nach Kompromissen verlangen.‹«[80]

Kompromisse? Können Manager lernen, mit dieser Wahrheit zu leben? Sie steht in völligem Widerspruch zu allem, was sie je gelernt haben. Kompromisse sind ein Zeichen von Schwäche; schnelles, entschiedenes Handeln ist das Markenzeichen des echten Managers.

Und gerade dieses Bedürfnis, schnell und entschieden zu handeln, ist es, was die Manager vor Differenziertheit und Komplexität zurückschrecken lässt. Komplexe Zusammenhänge zu erfassen, braucht Zeit – und gerade die ist bei Managern notorisch knapp. Außerdem verlangen Kompromisse nach einem differenzierten Einblick in die Belange des Unternehmens – es geht nicht allein darum, sich mit den Produkten, dem Markt und dem Produktionsprozess auszukennen, sondern auch mit den Kompetenzen, die das Unternehmen vorzuweisen hat. Es geht um die genaue Kenntnis aller Aspekte des Unternehmens und um die Suche nach Wegen, wie seine Möglichkeiten am besten auszuschöpfen sind, um neue Produkte, neue Technologien und neue Märkte zu gewinnen.

Das heißt, heute Dinge zu tun, die die zukünftige Stabilität sichern.

Ach, ist es da nicht einfacher, man konzentriert sich ausschließlich auf den Shareholder Value, auf Qualitätsnormen, die nächste Bilanz, das nächste neue Produkt?

Ist es nicht besser, wie bisher Geschäfte zu machen, anstatt Geschäfte zu machen, wie man sie nie zuvor gemacht hat?

Die Zügel fest in der Hand?

Manager sprechen oft voller Stolz davon, dass sie einen Managementstil vertreten, bei dem sie die Zügel fest in der Hand halten. Sie sagen, sie packen Probleme bei den Wurzeln an. Sie rühmen sich ihrer Entschlusskraft, ihrer Unbeirrbarkeit. Und sie prahlen mit ihren Erfolgen aus der Vergangenheit und damit, dass sie ihre Erfahrungen »auf die harte Tour« gewonnen haben – ganz unten in der Fabrik.

Das mag alles schön und gut gewesen sein – in der Industriewirtschaft. Aber die heutige Knowledge-based Economy verlangt ein bisschen mehr. Und vor allem verlangt sie nach denkenden Köpfen, anstatt nach Händen, die irgendwelche Zügel halten. Manager müssen sich darauf einstellen, mehr Zeit auf die Aneignung von Wissen zu verwenden und weniger auf schnelles Handeln. Das Management verändert sich ebenso wie alle anderen Berufe. Es ist unwahrscheinlich, dass Henry Ford es geschafft hätte, ein schlingerndes dot.com-Unternehmen zu retten. Die Zeiten haben sich geändert – und das ist jedermann klar, außer, wie es scheint, den Managern. Denn sie versuchen weiter, jungen Wein in alte Schläuche zu füllen.

So wie Ingenieure sich unentwegt fortbilden müssen, wenn sie in ihrem Beruf auf dem Laufenden bleiben wollen, müssen auch Manager viel mehr in ihre Weiterbildung investieren. Sie müssen die Zeit aufbringen, sich mit dem auseinander zu setzen, was der Rest der Welt tut. Und sie sollten sich vor allem von dem Ballast befreien, den sie aus den alten Tagen der Industriewirtschaft mit sich herumtragen. Sie müssen lernen, *nicht* automatisch nach den Mitteln der Rationalisierung, Restrukturierung und Verschlankung zu greifen, denn damit bringen sie ihre Unternehmen eher ins Hintertreffen als nach vorn.

Erneuerer, erneuere dich selbst!

Im Laufe der letzten zwei Jahrzehnte haben wir dekonstruiert, analysiert, umgebaut, umgerüstet, neu überdacht und jeden einzelnen Aspekt des Geschäftes unseren Innovationsmaßnahmen unterzogen. Das heißt: Jeden Teil mit Ausnahme des Managements. Das Management blieb von sämtlichen Innovationen verschont. Im Management gab es keinen Stellenabbau (heute gibt es in den Unternehmen mehr Führungskräfte als jemals zuvor); und das Management wurde ganz gewiss nicht durch die zahlreichen Fortbildungsprogramme geschleift! Manager erledigen ihren Job heute noch genauso wie sie es immer getan haben.

Sie haben Arbeitsabläufe, Unternehmenspraktiken und Produkte erneuert; aber sie haben sich bislang noch nicht daran gewagt, sich selbst zu erneuern.

Dabei wäre diese Form der Innnovation, der Entschluss, Management als Beruf neu zu erfinden, heute notwendiger denn je.

Die Komplexität der Knowledge based Economy schreit förmlich nach Managern, die sich nicht länger das Recht herausnehmen, auf ewig dem Industriezeitalter verhaftet zu bleiben. Sie braucht Manager, die bereit sind, mehr zu denken und weniger zu handeln, wobei sie ihren Gedanken erlauben, sich in Sieben-Meilen-Schritten auf unbekanntes Territorium vorzuwagen.

»Stolz ist die Ursache aller großen Fehler.«
John Rushkin

Das Management hat den Wandel eingeführt, ihn aber selbst nie vollzogen.

Das wiederum würde bedeuten, Stolz gegen Bescheidenheit einzutauschen. Und wir fürchten, dass nur sehr wenige Manager bereit sind, sich bescheiden zu geben!

Die traurige Wahrheit ist, dass selbst auf den besten Wirtschaftsuniversitäten diese Tatsache ignoriert wird. Sie lehren ihre Studenten nach wie vor all die Dinge, die für die Industriewirtschaft über viele Jahre von Bedeutung waren. Daher hegen wir ernste Zweifel an der Qualifikation, die mit einem Abschluss in Wirtschaftswissenschaften einhergeht, der einem potenziellen Manager heute eher schaden als nützen kann. Er ist zwar in die historischen Geschäftspraktiken eingeweiht, aber dieses Wissen liefert ihm die falschen Mittel, wenn es darum geht, Probleme zu lösen, die in dieser Historie nie vorkamen.

Bei Null anfangen

Die heutige Wirtschaft, ob es uns gefällt oder nicht, verlangt dem Management eine vollkommen neue Herangehensweise ab. Indem wir uns an die Vergangenheit klammern, berauben wir uns unserer Möglichkeiten. Wir lassen es zu, vom Zaumzeug der Geschichte zurückgehalten zu werden. Wir sehen schweigend zu, wie wir zu Klonen unserer Vorgänger mutieren. Wir entsagen unserem Wunsch, unsere Individualität zu bewahren.

Wir meinen, die oberste Priorität eines Managers muss heute die sein, seine Gedanken vom nutzlosen Ballast der Vergangenheit zu befreien. Er muss lernen, sich neuen Ideen zu öffnen – und zwar nicht nur solchen oberflächlichen Trends, auf die Manager bereits zu oft angesprungen sind. Nein, er muss begreifen, welche Komplexität eine Wirtschaft birgt, die keine einfachen Entweder-Oder-Entscheidungen abfragt.

Und, was vielleicht das Wichtigste ist, er muss lernen, dass die Menschen um ihm herum Ideen und Gedanken haben, die den eigentlichen Schlüssel zu kontinuierlicher Stabilität und Rentabilität bergen.

Beim Management heute geht es mehr denn je darum, mit Menschen umzugehen. Es geht darum, ein Umfeld zu schaffen, in dem sich Wissen frei entfalten kann. Es geht darum, Wände zwischen Abteilungen einzureißen und einen Gedankenaustausch zu fördern, der alle Autoritätsschranken hinter sich lässt.

Wenn Menschen betroffen sind, gibt es keine schnellen Lösungen. Der Manager, der das glaubt, macht sich etwas vor.

Und er begeht eine absolute Todsünde.

Fallstudien

Sünder: Das Management

Im ersten Quartal 2002 gab PricewaterhouseCoopers eine unabhängige Studie in Auftrag, die sich mit den Meinungen zur Wirtschaftsflaute und zu den Managementkosten befassen sollte. Im Rahmen der Studie, deren Ergebnisse unter dem Titel »Befremdliche Tage – sind die Unternehmen gerüstet, um die Chancen einer unvorhersagbaren Wirtschaft wahrzunehmen?« veröffentlicht wurden, waren 590 Unternehmen mit Umsatzvolumen zwischen 500 Millionen und 5 Milliarden Dollar in Europa, Nord- und Südamerika, Afrika und Australien befragt worden. Die Interviews wurden mit Führungskräften geführt, zumeist mit den Finanzchefs oder anderen Führungskräften auf vergleichbarer Ebene. Es wurden Leute aus allen Branchen befragt. Wir zitieren hier die wichtigsten Ergebnisse[81]:

- *Die Chaostheorie ist Wirklichkeit geworden.*
  Schwankungen und Unvorhersehbarkeit sind Tatsachen, mit denen sich Wirtschaftsunternehmen weltweit arrangieren müssen, was sich insbesondere daran zeigt, wie wenig die Befragten der Einschätzung des gegenwärtigen Wirtschaftsklimas zuzustimmen bereit waren. Es gibt eine klare 50-zu-50-Spaltung in der Zahl der Befragten, die sagten, ihr Unternehmen wäre einer Wirtschaftsflaute unterworfen. Unsere Nachforschungen haben ergeben, dass die Unternehmen aller Branchen auf allen Kontinenten nicht sicher sind, wie sie den Markt oder die allgemeine Stimmung einzuschätzen haben.
- *Kurzfristige Einsparungen, um die Aktionäre zu beruhigen, aber keine langfristigen Strategien, um die Unternehmen zu stabilisieren.*

Die Unternehmen verwechseln eine kurzfristige Beruhigung der Aktionäre mit effektiver Kostenkontrolle. Konfrontiert mit wirtschaftlicher Unsicherheit, reagieren die Manager weltweit mit Brandrodungen, anstatt sich langfristige Strategien zur Kostenkontrolle zu überlegen.

- *Unternehmen handeln nicht nach dem, was sie sagen.*

86 Prozent der Befragten stimmten zu, dass umfassende kurzfristige Sparmaßnahmen schädlich für die Arbeitsmoral und die Loyalität der Mitarbeiter sind, und 55 Prozent gaben freimütig zu, dass Kostenreduzierungsmaßnahmen in erster Linie dazu dienen, Analysten und Aktionäre zu beeindrucken, nicht aber der Verbesserung der wirtschaftlichen Möglichkeiten zugute kommen. Doch selbst dieses Wissen hält die Unternehmen nicht davon ab, immer weiter auf kurzfristige Kostenreduzierungen zu rekurrieren, die die wirtschaftlichen Aussichten eher trüben.

- *Zuviel Kostenersparnis kann fatal sein, weil sie die Ressourcen schwächt, auf die ein Unternehmen in Zukunft zurückgreifen kann.*

Unsere Studie hat ergeben, dass die Unternehmen diesen Punkt noch nicht verinnerlicht haben. Kurzfristige Sparmaßnahmen stehen nach wie vor ganz oben auf der globalen Agenda. 60 Prozent der befragten Unternehmen frieren Einstellungen und Investments ein. Viele scheinen aus den frühen Neunzigern nichts gelernt zu haben und sind drauf und dran, die Geschichte sich wiederholen zu lassen. Mit anderen Worten: Die Unternehmen wenden Lehren an, welche sie aus einer Wirtschaftssituation gezogen haben, die nichts mit der heutigen gemein hat.

- *Kostenjäten hält sie nicht davon ab, nachzuwachsen.*

57 Prozent der Befragten stimmten zu, dass die Kosten, die sie gegenwärtig einsparen, innerhalb von zwei bis drei Jahren wieder da sein werden. Kurzfristige Lösungen greifen selten bis zur Wurzel des Problems.

Heilige: ST Microelectronics

Die Halbleiterindustrie hat eine nicht eben leichte Zeit durchgemacht. Im Jahr 2001 wurden drastische Umsatzeinbrüche verzeichnet – bis zu 32 Prozent – was zu erheblichen Kostenreduzierungsmaßnahmen, Entlassungen und Investitionskürzungen in der gesamten Branche führte.

Wie es scheint, mit Ausnahme von ST Microelectronics. Dort hat das Management offenbar alles Menschenmögliche unternommen, um die rigiden Mittel industriewirtschaftlichen Denkens weit zu umschiffen.

ST Microelectronics wurde 1987 als Privatunternehmen gegründet, das aus französischen und italienischen Staatsbetrieben hervorging. Seit 1994 sind sie an der Börse notiert, wobei 45 Prozent der Aktien zu gleichen Teilen vom französischen und italienischen Staat gehalten werden. Heute sind sie ein multinationales Unternehmen, das 40.000 Mitarbeiter in 27 Ländern beschäftigt. Beinahe die Hälfte dieser Leute arbeiten in Frankreich und Italien. Die Agrate-Niederlassung, in der Nähe von Mailand, in der um die 12 Prozent der gesamten Arbeitskräfte beschäftigt sind, fungiert als Herstellungsbetrieb und Zentrum der Forschungsaktivitäten.

ST Microelectronics hat sich einen guten Ruf als Arbeitgeber erworben. Sie zahlen vielleicht nicht die höchsten Löhne in der Branche, aber sie halten ihre Denker mittels eines Arbeitsumfeldes, das einstimmig als anspornend, freundlich und ermutigend beschrieben wird.

All das bedeutet natürlich nicht, dass sie von der allgemeinen Flaute verschont blieben. Aber es bedeutet sehr wohl, dass das Unternehmen auf eine Art und Weise auf diese Flaute reagierte, mit der es sich von anderen deutlich abhob. Hier wurden keine Massenentlassungen vorgenommen, wie sie in vielen anderen Unternehmen der Branche stattfanden. Es kam auch hier zu Entlassungen mit großzügigen Abfindungen, zu zermürbenden Gesprächen mit der Belegschaft – aber eben auch zu Kürzungen der Saläre für Führungskräfte. Das Management war bereit, seinen Anteil zur Genesung des Unternehmens zu leisten, und deshalb waren es die Mitarbeiter ebenfalls. Dank dieser positiven Grundeinstellung, die das gesamte Unternehmen durchzieht, und dank des Bewusstseins aller Angestellten, dass auch das Management Einbußen in Kauf zu nehmen bereit ist, sind alle wild entschlossen, diese Flaute zu meistern. Schon 1995 war ST Microelectronics die Nummer 14 in der Liste der weltweiten Chiphersteller. Bis 2000 hatten sie es auf Platz sechs geschafft.

Nachspiel:
Besteht Hoffnung auf Absolution?

Die Glaubwürdigkeit zurückgewinnen

Als wir dieses Buch begannen, behaupteten wir, dass Manager und das Management an sich ihre Glaubwürdigkeit verlieren. Wir meinen, die von uns beschriebenen sieben Todsünden haben gezeigt, inwieweit unsere Behauptung den Tatsachen entspricht. Es gibt zuviel Habsucht in den Vorstandszimmern. Und, was noch weit bedauerlicher ist, einen wachsenden Verlust der Humanität. Manager sind freiwillig in die Falle getappt, jedes Problem von einer abgehobenen Warte aus anzugehen – leidenschaftslos.

Manager haben ihre Begeisterung für Menschen eingebüßt.

Viele Unternehmen sind bis heute fest in der Industriewirtschaft verwurzelt. Sie haben sich dahingehend entwickelt, dass sie übersättigten Märkten, komplexen Industrieprozessen und Fünf-Jahres-Plänen gewachsen sind. Diese Unternehmen sind hierarchisch aufgebaut, sperrig, unflexibel und lethargisch. Sie sind die Dinosaurier der Wirtschaft. Die jüngsten Internet-Pleiten mögen diese Unternehmen in ihrem Glauben bestärken, dass die Dinosaurier gewonnen haben könnten – aber haben sie das wirklich? In einer Knowledge-based Economy machen Dinosaurier viel Lärm, doch es wird ihnen schwer fallen, die zu dem Lärm passenden Profite nach zuweisen. Die Geschwindigkeit, mit der Innovationen angekündigt werden, mit der Lebenszyklen von Produkten ablaufen, und mithin die Komplexität dessen, was der Verbraucher erwartet, verlangt nach Unternehmen, die »ganz denkende Köpfe ohne Körper« sind. Kopflose Körper, wie sie noch an den Fließbändern der Industriewirtschaft gefragt gewesen sein mögen, werden auf ein absolutes Minimum reduziert. Produktionsprozesse werden entweder ausgelagert oder gänzlich abgeschafft. Was den Wert eines Unternehmens von heute ausmacht, sind die »Denkprozesse«, die dort ablaufen. Sie sind das immaterielle Kapital eines Unternehmens, das sich von materiellen Belastungen freihält.

Fragen Sie nur!

Was ist also zu tun? Na ja, ein erster Schritt ist schon mal geschafft, wenn Sie sich diese Frage überhaupt stellen. »Wie wär's, wenn es anders wäre?« Wenden wir doch einfach unsere natürliche Neugier auf unser Geschäft an.

Wie Sie unschwer erkennen werden, sind die meisten Grenzen unseres Unternehmens nicht zementiert. Sie sind keine Hindernisse, an denen man sich den Kopf stößt. Man kann nicht mit dem Finger darauf zeigen. Man muss keinen Hammer nehmen, um sie einzuschlagen. Diese Hindernisse existieren ausschließlich in unseren Köpfen. Wir schaffen und erhalten sie. Und nur wir verleihen ihnen die Unüberwindbarkeit, die sie eigentlich nicht besitzen.

Wenn sie also nur in unseren Köpfen existieren, sollten wir dort als Erstes aufräumen.

»Na klar«, hören wir Sie schon sagen. »Ihr habt gut reden – Ihr seid ja nicht Tag für Tag den Kämpfen, den Stolpersteinen und Schwierigkeiten ausgesetzt, mit denen wir tagtäglich klarkommen müssen.«

Aber genau da irren Sie sich. Wir kämpfen jeden Tag dieselben Kämpfe wie Sie. Tag für Tag. Wir plagen uns mit mangelnder Kooperation herum, mit Neid, Inflexibilität, Mangel an Entscheidungsfreudigkeit, der Unfähigkeit, Dinge jetzt erledigt zu bekommen – und nicht erst in sechs Wochen. Uns sind all die Schwierigkeiten vertraut, mit denen ein Manager irgendwo auf dieser großen, weiten Welt jemals zu kämpfen haben könnte.

Aber wir wissen auch, dass diese Probleme sich nicht verflüchtigen werden, bevor man nicht die Frage aller Fragen gestellt hat. Weil diese einfache Frage lautet, »Wie wär's, wenn es anders wäre?«, und zugleich bedeutet, dass Sie einen ersten Schritt in die richtige Richtung machen müssen: Bei Null anfangen.

Nelson Mandela hat angeblich einmal gesagt, seine Feinde hätten seinen Körper in Haft nehmen können, aber niemals seine Gedanken.

Nichtsdestotrotz gestatten wir es, dass unser Denken im Industriezeitalter gefangen bleibt. Wir reden uns ein, alles wäre immer so gemacht worden, wie wir es heute machen; Unternehmen wären auf diese Strukturen angewiesen, wenn sie florieren wollten. Wir glauben, abgegrenzte Abteilungen wären natürliche Strukturen. Wir denken, dass es ökonomisch sinnvoll wäre, jede einzelne Unterabteilung zu einem »Profit-Center« zu erheben, oder wie immer Sie das nennen wollen.

Aber im Grunde wissen wir doch, dass wir uns etwas vormachen. Uns ist klar, dass wir mit diesen steifen Strukturen unser Unternehmen ersticken. Wir verhindern die Kooperation zwischen Menschen, die dem selben Ziel zuarbeiten, aber in verschiedenen Abteilungen sind. Und dieser Abstand wird umso kritischer, je mehr die Tendenz zunimmt, dass Abteilungen Kontinente voneinander entfernt sind. Wir müssen der Falle entkommen, die strukturbedingte und geographische Grenzen zu Allmachtsbildnissen erheben konnte.

Wir haben bereits zugelassen, in Taubenschläge einsortiert zu werden.

Was wir mit »Bei Null starten« meinen, ist, den bestehenden Begrenzungen eine klare Absage zu erteilen. Wir befreien unsere Köpfe von den Hindernissen, die darin bestehen. Wir lernen, uns immer wieder zu fragen: »Wie wär's, wenn es anders wäre?«

Öffnen Sie sich

In der wissensorientierten Wirtschaft von heute wird von Managern gefordert, dass sie jederzeit bereit sind, von Null anzufangen.

Sie müssen lernen, sich neuen Ideen zu öffnen – und das nicht nur kurzfristig, weil der Trend es so will. Nein, sie müssen darauf vorbereitet sein, mit differenzierten Geschäftsentscheidungen konfrontiert zu werden, die nichts mehr mit Entweder-Oder-Entscheidungen zu tun haben.

Und, was wahrscheinlich wichtiger ist als alles andere, sie müssen begreifen, dass die Menschen mit ihren Gedanken, ihren Ideen der eigentliche Schlüssel zum Erfolg und zu Stabilität sind.

Das Management lag noch nie so daneben, was den Umgang mit Mitarbeitern angeht, wie heute. Da schleppt es in Bereichen wie der Schaffung eines Arbeitsumfeldes, in dem ein freier Wissensaustausch stattfinden kann. Da werden Abteilungsgrenzen aufrecht erhalten, obwohl sie kontraproduktiv sind, und es wird versäumt, Anreize für den freien Austausch zu schaffen. Alle bleiben den tradierten Autoritätsstrukturen verhaftet.

Die Leidenschaft zurückerobern

Der Beruf des Managers war dereinst hochangesehen. Manager haben etwas bewegt. Sie haben etwas für das Unternehmen und für die Gesellschaft getan. Für Menschen. Heute kommt es einem vor, als würden sie nur noch an den Bilanzen schmieden, bis für sie das bestmögliche Ergebnis dabei herauskommt. Immerhin besitzen sie Aktienoptionen, aus denen sie möglichst viel herauskitzeln müssen.

In seinem Artikel »Managing quietly«[82] schreibt Henry Mintzberg, Professor für Wirtschaftswissenschaften an der McGill-Universität in Montreal: »Ruhige Manager spornen ihre Mitarbeiter nicht an – der Ansporn wird als selbstverständlich genommen. Sie inspirieren sie. Sie schaffen Bedingungen, unter denen Offenheit und freier Ideenfluss möglich sind … Ruhige Manager stärken die kulturelle Verbundenheit zwischen ihren Mitarbeitern, weil sie sie nicht wie austauschbare Mittel behandeln (wahrscheinlich gehört ›human resources‹ auf die Liste der abscheulichsten Begriffe überhaupt), sondern wie Mitglieder eines homogenen Systems. Wenn man Menschen vertrauen kann, muss man ihnen keine Extra-Macht verleihen.«

Sind wir schon zu weit über den Punkt hinaus? Sind wir mittlerweile so dehumanisiert, dass es kein Zurück mehr gibt? Vergessen Sie Produktionsprozesse und Arbeitsabläufe. Vergessen Sie die Aktionäre. Vergessen Sie Ihre Habsucht.

Und lassen Sie sich darauf ein, Menschen zu ernähren mit Ihrem Unternehmen.

Denn wenn wir weiterhin versäumen, Menschen in unsere Kalkulationen einzubeziehen, dann werden wir auch weiterhin sündigen. Und mit dieser Sünde müssen wir allein leben.

Quellenangaben

1 http://www.kennedyinfo.com/ir/svm/svm.html
2 *Blur*, s. Davis, Ch. Meyer, Capstone Publishing Ltd., 1998
3 *Weightless Wealth,* Daniel Andriessen & René Tissen, Pearson Education Ltd., 2000
4 http://www.kennedyinfo.com/ir/svm/svm.html
5 http://www.isb.is/english/vsm_isl/owa/disp.birta-pk=115.htm
6 http://www.archcoal.com/xpedio/groups/public/documents/aci_internet/ci_index.html
7 Hillenbrand Industries is dedicated to managing its portfolio of businesses and other assets to increase shareholder value. http://www.hillenbrand.com/about_hb.html
8 http://www.investor.philips.com/reporting/AR98/pres.htm
9 http://www.investor.philips.com/reporting/AR99/pres.htm
10 http://www.investor.philips.com/reporting/AR98/pres.htm
11 http://www.investor.philips.com/reporting/AR99/pres.htm
12 »Why companies fail«, Ram Charan und Jerry Useem, *Fortune*, 27. Mai 2002
13 ebd.
14 »A gift for much more than cosmetic change«, *Financial Times*, 26. Juni 2001
15 John Kay »Shareholders aren't everything«, Fortune, February 14, 1997
16 »The Case of the Corporate Spy«, *Business Week,* 26. November 2001
17 »From the nexus of Lexus«, *Business Week,* 24. September 2001
18 »The Case of the Corporate Spy«, *Business Week,* 26. November 2001
19 ebd.
20 »P&G seek new resolution of spy dispute«, *Financial Times,* 3. September 2001
21 »Fear of the Unknown« The Economist, 2. December 1999
22 »Core Business: Bedrijven weten maar half waar ze echt goed in zijn« (*Companies only know half o what they are good at) Management Team,* 9. September 2001
23 »Intel: Can CEO Craig Barrett reverse the slide?« *Business Week,* 15. Oktober 2001
24 »Unilever explores new niche in Brazil«, *Adage.com,* 30. April 2001
25 »Smart Globalization«, *Business Week,* 27. August 2001
26 »›Metro‹ sets stage for global newspaper war«, *Adage.com,* 30. April 2001
27 »The Soul at Work«, R. Lewin & B. Regine, London Orion Business Books, 1999
28 »The New Corporate Form«, J. F. Moore, in: »Blueprint to the Digittal Economy«, D. Tapscott, A. Lowy & D. Ticoll, New York, McGraw-Hill, 1998
29 ebd.
30 www.bbc.co.uk
31 Alvin Toffler
32 »Competing for the Future«, Gary Hamel and C.K. Pralahad, Harvard Business School Press, 1994
33 Statistiken entnommen aus:

Mitchell, B. R., International historical statistics Europe 1750-1988, 1992, New York, S. 913-919

Mitchell, B. R., International historical statistics The Americas 1750-1988, 1993, New York, S. 775-781

Mitchell, B. R., International historical statisticx Africa, Asia & Oceania, 1950-1988, 1995, New York, S. 1022-1032

34 BBC News, 23. Juli 1999
35 BBC News, 25. Juli 2001
36 »Why companies fail«, Ram Charan und Jerry Useem, *Fortune*, 27. Mai 2002
37 BBC News, 25. Mai 1999
38 BBC News, 24. Mai 1999
39 9. April 2001
40 »The world caught third-generation fever«, *Financial Times*, 5. September 2001
41 http://www.bertelsmann.com/baq/profile/profile.cfm
42 »Countering the recession with cost-consciousness and creativity« BertelsmanPress release, 23. March 2002
43 http://leadership.wharton.upenn.edu/welcome/index.shtml
44 »Downsizing guru admits mistake« (*Guru downsizing heeft zich vergist), De Standaard*, 14. Mai 1996
45 Ebd.
46 *Unwritten Rules of the Game*, Peter Scott-Morgan, zitiert in: »Change the rules«, M. Mai, *Information Strategy*, April 97
47 Die zugrundeliegenden Informationen entstammen dem Artikel »Gebrandmerkt« aus *Fem de Week*, 44. Woche 2001
48 »Groenink regrets letterr to personnel«, *NRC Handelsblad*, 20. Dezember 2001
49 *Financial Times*, 26. August 2001
50 »10 Greatest Companies in Europe: Skandia«, Milton Moskowitz und Robert Levering, *Fortune*, 4. Februar 2002
51 »10 Greatest Companies in Europe: Skandia«, Milton Moskowitz und Robert Levering, *Fortune*, 4. Februar 2002
52 »Buying an experience«, Peter Martin, *Financial Times*, 14. September 1999
53 »10 Great Companies in Europe: Nokia«; Milton Moskowitz und Robert Levering, *Fortune*, 4. Februar 2002
54 »Fear of the unknown«, *Economist*, 2. Dezember 1999
55 »Cisco European chief offers a steadying hand«, *Financial Times*, 18. November 2001
56 »Why companies fail«, Ram Caran und Jerry Useem, *Fortune*, 27. Mai 2002
57 »Innovation Still Valued At Technology Companies«, *Industry Week*, 23. August 2001
58 »Will the corporation survive?« *Economist*, 2. Dezember 1999
59 *Competing for the Future*, Gary Hamel und C.K. Pralahd, Harvard Business School Press, 1994
60 »Will the corporation survive?«, *Economist*, 1. Dezember 2000
61 »Second house exploiters« (*Tweedehuisjesmelkers) HP de Tijd*, 9. November 2001
62 »Will the corporation survive?«, *Economist*, 1. November 2000
63 »Genfit signs agreement witBMPF and Fournier«, *La Tribune* – France, 23. November 2001
64 »Will the corporation survive?« *Economist*, 1. November 2000
65 »Alcatel launches a worldwide Research Partnership Program«, Alcatel Press Release, 1. Oktober 2001
66 http://bbc.co.uk/hi/english/business
67 »Co$t Vs Quality«, *Industry Week*, 9. Januar 2001
68 ibid.
69 *Competing for the Future*, Gary Hamel und C. K. Pralahad, Harvard Business School Press, 1994
70 *Cracking the Value Code*, Richard E. S. Boulton, Barry D. Libert, Steve M. Samek, Harper Business, 2000
71 »Sea of IP – an interview with Theo Classen«, erstellt für Philips Semiconductors von Jonathan Ellis BV, 2000
72 http://news6.thdo.bbc.co.uk/hi/english/uk/newsid_16000/16892.stm
73 http://www.porsche.com
74 »The world caught third-generation fever«, *Financial Times*, 5. September 2001
75 *Competing for the Future*, Gary Hamel und C. K. Pralahad, Harvard Business School Press, 1994
76 ebd.
77 BBC News, 3. Mai 2001
78 zitiert in: »Why companies fail«, Ram Charan und Jerry Useem, *Fortune, 27*. Mai 2002
79 ebd.
80 »Herkströter: Shell ondanks arrogantie bolwerk integriteit«, *Het Financiele Dagblad,* 12. Oktober 1996
81 »Strange gays: Are businesses equipped to catch opportunity in an unpredictable world?«, PricewaterhouseCoopers, 2002
82 »Managing quietly«, Henry Mintzberg, *Leader to Leader*, Nr. 12 Frühjahr 1999